Danuta Danek

Śmierć wewnętrzna

Literatura w świetle doświadczenia psychoanalitycznego

słowo/obraz terytoria

Wstęp

> Ależ bo różne są śmierci rodzaje.
> Pustelnik w *Dziadach*

Jedno ze skrajnych doświadczeń śmierci wewnętrznej zostało rozpoznane i opisane jako szczególna reakcja psychiczna niektórych więźniów w niemieckich obozach koncentracyjnych. Jak wiemy, współwięźniowie, którzy z ową szczególną reakcją stykali się bezpośrednio, nazywali osoby nią dotknięte *muzułmanami*, sądząc, że stanowi ona wyraz całkowitego poddania się pojmowanemu w fatalistyczny sposób losowi.

Można ją jednak rozmaicie rozumieć. Jeden ze współwięźniów, poświęcając tej reakcji po latach szczegółowe rozważania, przedstawił jej sedno jako całkowite wyłączenie uwagi skierowanej ku otoczeniu i własnemu życiu – czyli jako swoiste znieczulenie – będące następstwem przeżywania sytuacji skrajnej. A więc stanowiące tyleż szczególną obronę przed nią, co przeciwnie, uwewnętrznienie doznawanego niszczenia, uwewnętrznienie pozbawiającego podmiotowości, własnej woli, zamieniania przez strażników obozowych w przedmiot. I dał taki opis tego, co działo się z owymi więźniami, którzy stawali się stopniowo, jak pisze, żywymi trupami:

> Więźniowie ci, po przejściu przez pewien krytyczny punkt wewnętrzny, wprawiani byli przez system obozowy w ruch jak puste powłoki; zachowywali się w taki sposób, jakby nic nie myśleli, nic nie czuli, jakby niezdolni byli do tego, by cokolwiek samemu uczynić czy na cokolwiek wewnętrznie zareagować; po-

ruszały ich jedynie siły, znajdujące się na zewnątrz nich. [...] Najpierw zaprzestawali wszelkich działań jako całkowicie bezcelowych; potem przestawali odczuwać, ponieważ wszystko, co czuli, było skrajnie bolesne i niebezpieczne. W końcu następowało u nich całkowite zablokowanie wszelkich reakcji.

Wszystko to zachodziło podczas pewnego procesu, który można było łatwo zauważyć. Zaczynał się on od tego, że więzień przestawał cokolwiek czynić z własnej woli. I to był moment, kiedy współwięźniowie spostrzegali, co się stało, i zaczynali unikać takiego „naznaczonego" człowieka, ponieważ wszelki związek z nim groził każdemu zniszczeniem. Był to moment, gdy więzień taki jeszcze słuchał rozkazów, ale już jak ślepy automat; przemoc nie wywoływała już w nim reakcji selektywnych, poczucia, że jest jej ofiarą ani uczuć nienawiści. Jeszcze rozglądał się wokół siebie lub przynajmniej można było stwierdzić ruchy jego oczu. Ustawały one w jakiś czas potem, choć nawet wówczas więzień taki poruszał się zgodnie z rozkazami; nigdy już jednak nie czynił nic, do czego nie był bezpośrednio przymuszany z zewnątrz. Zazwyczaj następowało to wtedy, gdy chodząc, nie odrywał już stóp od ziemi. Kiedy w końcu przestawał nawet poruszać z własnej woli oczami i spojrzenie jego nieruchomiało, rychło ginął[1].

[1] B. Bettelheim, *The Informed Heart. Autonomy in a Mass Age*, [1960] Avon Books, New York 1971, s. 152–153. Cytaty nie opatrzone nazwiskiem tłumacza podaję w przekładzie własnym.

Wydaje się, że na przedstawianą reakcję psychiczną mogłyby rzucić światło od nieoczekiwanej strony odkrycia, dokonane w ostatnich czasach w dziedzinie neurofizjologicznej, dotyczące istnienia tzw. neuronów lustrzanych, których funkcjonowanie zdaniem badaczy sprawia, że możliwe są i zjawiska międzyludzkie w najwyższym stopniu pozytywne, jak empatia, i zjawiska międzyludzkie tak dalece negatywne, jak „przechodzenie programu działania sprawcy na ofiarę", czego rezultatem jest kończenie przez ofiarę na sobie niszczącego programu sprawcy. Zob. J. Bauer, *Empatia. Co potrafią lustrzane neurony [Warum ich fühle, was du fühlst. Intuitive Kommunikation und das Geheimnis der Spiegelneurone*, 2005], tłum. M. Guzowska-Dąbrowska, Wydawnictwo Naukowe PWN, Warszawa 2008, s. 86–87.

Śmierć wewnętrzna

Edyp, pierwszy *muzułmanin*

> D. Karlin: Marcia przeżyła więc świat najwcześniejszego dzieciństwa jako świat skazujący ją na całkowitą destrukcję...
> B. Bettelheim: ...i pusty...
>
> *Inne spojrzenie na szaleństwo*

Nie zapomnę nigdy, w jaki sposób Gustaw Holoubek, grając króla Edypa – w prostym współczesnym ubiorze, w ciemnej koszuli i ciemnych spodniach, wśród paru surowych ścian, paru krzeseł – mówi, gdy dowiaduje się, że to Jokasta oddała go po urodzeniu słudze, by go porzucił na pustkowiu na śmierć: „Matka? Nieszczęsna!"

W książeczce-eseju *Freud i dusza ludzka* Bruno Bettelheim, psychoterapeuta dziecięcy i autor wielu prac poświęconych doświadczeniu leczenia dzieci cierpiących na ciężkie zaburzenia psychiczne, spojrzał na historię Edypa od pomijanej dotychczas strony. Po paru dziesiątkach lat obcowania z dziećmi, mającymi skrajne trudności w komunikowaniu swoich myśli i uczuć, po paru dziesiątkach lat niezmiernych codziennych trudów, aby każde z tych dzieci, które do swojej instytucji psychoterapeutycznej przyjmował, zrozumieć, wydobył on z mitu o Edypie to, że opowieść ta jest przede wszystkim historią o dzieciobójstwie.

Wydobył? Ależ w tym słynnym micie, który odgrywa tak wielką rolę w słownym przekazywaniu i obrazowym przedstawianiu najistotniejszego odkrycia psychoanalizy, jakim jest odkrycie istnienia i sposobów działania w człowieku, prócz sfery jego świadomego życia psychicznego, także sfery życia psychicznego nieświadomego, w tym słynnym micie, który użyczył nazwy jednemu z najważniejszych pojęć psychoanalitycznych i stał się przez to niemal symbolem psychoanalitycznego widzenia człowieka, w tym słynnym micie, z którego wydobyto w związku z tym tyle jeszcze takich czy innych skrywających się w nim znaczeń, na który próbowano spojrzeć od tylu jeszcze różnych stron – właśnie wątku dzieciobójstwa nie potrzeba wcale aż wydobywać. Wątek ten leży całkowicie na wierzchu. „Historia Edypa zaczyna się od niewiarygodnie ciężkiego, psychicznego i fizycznego urazu, jakiego dziecko doznaje od osób, które powinny być jego pierwszymi i najlepszymi opiekunami – od rodziców. Dzieciątko Edyp [...] zostaje okaleczone (przez przebicie szpikulcem stóp) i wydane na śmierć".

A jednak nikt z piszących, o ile wiem, dotąd tego nie uczynił. I nie wskazał najoczywistszej rzeczy, że właśnie dzieciobójstwo popełnione na Edypie odgrywa w jego historii rozstrzygającą rolę. „Kiedy mowa o zespole edypalnym, musimy pamiętać o tym, co przedstawione jest zarówno w micie, jak w dramacie Sofoklesa: że Edyp uczynił to, co uczynił, ponieważ rodzice całkowicie odrzucili go, gdy był dzieckiem, i że dziecko nie odrzucone w tak skrajny sposób przez oboje rodziców nigdy by takich czynów nie popełniło".

Pod wpływem tych refleksji zaczęłam czytać na nowo Sofoklesowy dramat o Edypie. Tak, rzeczywiście, ojcobójstwo jako następstwo dzieciobójstwa popełnionego przez ojca na Edypie i kazirodztwo jako ślub z własną morderczynią, a więc miłość do własnej morderczyni – oto co tutaj tak porusza, poza samym słynnym, dramatycznym procesem dochodzenia do prawdy. Ale nie to jeszcze porusza tu najgłębiej.

Pradawne mity, podobnie jak inne wzorcowe historie człowiecze, opowiadane przez ludzkość sobie samej, aby przekazywać własną głęboką wiedzę o człowieku – i podobnie jak wielkie dzieła sztuki – pełne są oczywiście znaczeń niewyczerpywalnych, a te, do których docieramy, odsłaniają się nam w ostatecznym rachunku poprzez nasze osobiste doświadczenie. W ostatecznym rachunku, bo w nieostatecznym wspomaga nas w tym naturalnie i użycza swego światła refleksja cudza, cudza praca rozumiejąca. Kiedy praca ta przynosi aż odkrycie – jak ktoś lapidarnie powiedział – nowych, nieznanych dotąd warstw czy odmian bytu, wówczas te nieznane dotąd warstwy czy odmiany bytu możemy dostrzec również w naszym własnym doświadczeniu, gdzie spoczywały dotąd utajone, choć jak to widzimy teraz, na tyle już sposobów dawały znać o sobie. I możemy przekonać się nadto, że przecież i ludzkość wiedziała już o nich w pewien sposób od dawna, dając temu wyraz w swoich duchowych tworach, tylko my nie rozpoznawaliśmy tego dotąd dostatecznie jasno i wyraźnie.

Nowa, nieznana dotąd odmiana bytu ludzkiego, którą rozpoznał Bruno Bettelheim w wewnętrznym świecie dzieci, na pozór opustoszałym właśnie z wszelkiego bytu, to „życie żywą śmiercią", jak swoją rzeczywistość wewnętrzną w chwili przybycia do jego instytucji psychoterapeutycznej określiła później, po latach leczniczego pobytu w niej, jedna z młodych dziewcząt. Nie życie śmiercią, ale życie żywą śmiercią, życie w żywej śmierci. Trudno chyba celniej wyrazić w języku słownym to doświadczenie egzystencjalne, o które chodzi – ale w istocie będące poza zasięgiem języka, poza zasięgiem wszelkich słownych możliwości wyrazu. Doświadczenie, które po wielu latach pracy psycholeczniczej – więc zarazem poznawczej, Bettelheim uznał za kryjące się w niemal nieprzeniknionym mroku najcięższych, wczesnych zaburzeń psychicznych u tych dzieci, z którymi on i jego zespół miał możność obcować[1].

[1] Najważniejsze prace to *Love Is not Enough. The Treatment of Emotionally Disturbed Children*, 1950; *Truants from Life. The Rehabilitation of Emotionally Disturbed Children*, 1955; *The Empty Fortress. Infantile Autism and the Birth of the Self*, 1967. Motto niniejszego rozdziału pochodzi ze scenariusza filmu telewizyjnego poświęconego stworzonej przez Bru-

Toteż gdy poświęca cały gruby tom zaledwie czworgu leczonym dzieciom, wnikając w to, co i w jaki sposób można rozpoznać w na pozór opustoszałym ludzkim wnętrzu, zarazem pisze: „Jedynie dzieło sztuki, a nie historia przypadku, mogłoby oddać w pełni egzystencję istot ludzkich, których dzieje przedstawione są w niniejszej książce".

Kiedy zagłębiamy się, śledząc rozważania Bettelheima, w te mroki wewnętrznych doświadczeń ludzkich, które w swoim pisarstwie rozświetla, z naszej pamięci zaczyna wyłaniać się wiele dzieł sztuki, w których teraz, czasem zupełnie nagle, zadziwieni i przejęci, odnajdujemy wyraz doświadczeń podobnych. Bywa to nawet wstrząs, wstrząs rozpoznania. Dostrzeżenia, usłyszenia, poczucia całym sobą, że to, co w dziele sztuki przemawiało dotąd, i to nieraz przez całe wieki, niemo – dla nas niemo, jest z ciała i krwi.

Do takich dzieł sztuki, już w zaraniu kultury europejskiej, należy właśnie – jeszcze raz – Sofoklesowy dramat o królu Edypie.

Oto bowiem Edyp w końcowych scenach tragedii Sofoklesa. Wstrząśnięty dokonanymi odkryciami, w rozpaczy zniszczył swoje oczy, ale mało mu tego samozniszczenia, i teraz domaga się jeszcze, by go wygnać, oślepłego, na pustkowie Kitajronu, tam gdzie niegdyś został porzucony z rozkazu rodziców na śmierć jako nowo narodzone niemowlę. Powiada:

nona Bettelheima i prowadzonej przez niego przeszło trzydzieści lat instytucji psycholeczniczej dla dzieci, Sonia Shankman Orthogenic School przy University of Chicago, opublikowanego w książce Brunona Bettelheima i twórcy filmu, Daniela Karlina, *Un autre regard sur la folie*, 1975. Wcześniejsza wersja jednej z historii przypadku, zawartej w książce *Truants from Life*, pod tytułem *Historia Harry'ego*, tłum. J. Rosmańska, ukazała się w „Psychologii Wychowawczej" 1948, nr 3/4, przedruk w tomie: *Kliniczne studia przypadków*, red. M. Szostak, Wydawnictwo powielaczowe Uniwersytetu Warszawskiego, 1981. Zob. też: B. Bettelheim, *Schizofrenia jako reakcja na sytuacje skrajne*, tłum. D. Danek, „Odra" 1990, nr 9.

> To przecież mój Kitajron: on mi na mogiłę
> był przeznaczon od ojca i matki – żywemu;
> niechże zginę z ich woli tam, gdzie miałem zginąć.[2]

A więc żądanie, aby go wygnano, to akt samozniszczenia – kolejny, po samooślepieniu – w którym teraz, jako człowiek dorosły, Edyp uwewnętrznia zniszczenie, jakiego niegdyś, w zaraniu życia, stał się obiektem ze strony istot ludzkich, które miały nad nim wówczas wszechpotężną władzę.

> Niech zginę
> na pustkowiu, gdzie do mnie nie zagada człowiek.

A więc sedno tamtego zniszczenia, zniszczenia przez tych, z których się narodził, to wygnanie ze świata więzi międzyludzkich, zniszczenie możliwości zaistnienia w jego życiu jakiejkolwiek więzi z drugim człowiekiem. Tym jest tutaj dla istoty ludzkiej pustkowie. Na tym polega tutaj dla człowieka śmierć.

Po samoniszczycielskim pozbawieniu się wzroku, Edyp pragnie jeszcze pozbawić się słuchu – i wszelkiej zgoła możliwości doznawania czegokolwiek; pragnie zamienić się w pustą fortecę (jak zamykająca oczy i zatykająca uszy Marcia, dziewczynka autystyczna z Bettelheimowskiej historii przypadku):

> [...] gdyby można było [jeszcze] słuchu
> wrota zamknąć, otoczyłbym nieszczęsne ciało
> głuchym murem milczenia, aby nic nie widzieć
> i nic nie słyszeć więcej... Byłoby mi dobrze
> w tej pustce, poza kresem zbrodni i rozpaczy.

[2] Cytaty z *Króla Edypa* podaję w przekładzie Stefana Srebrnego. Wybrałam ten przekład po porównaniu kilku istniejących tłumaczeń polskich i skonfrontowaniu ich z tłumaczeniami dramatu Sofoklesa na inne znane mi języki (oryginał grecki nie jest mi dostępny) oraz z materiałem językowym zawartym w studiach znawców starożytności, dotyczących obu dramatów Sofoklesa o Edypie.

Pustkowie Kitajronu – wiemy, że metafory wygnania i znalezienia się na pustkowiu należą do najstarszych i najtrwalszych metafor ludzkich – jest tutaj jednocześnie obrazem zewnętrznym i wewnętrznym. Pejzażem zewnętrznym, miejscem świata – i pejzażem wewnętrznym, stanem człowieka. I uzmysławia z kolei tyleż śmierć ludzką zewnętrzną co wewnętrzną, owo życie w żywej śmierci. Więcej, uzmysławia właśnie zadaną z zewnątrz, przez drugiego człowieka, śmierć uwewnętrznioną: „niechże zginę z ich woli tam, gdzie miałem zginąć".

Edyp nie popełnia samobójstwa. To znaczy nie popełnia go wprost. Tak jak nie będzie go popełniał wprost *muzułmanin* w niemieckim obozie koncentracyjnym; gdyby je popełnił wprost, nie byłby *muzułmaninem*, zachowałby wolę własną, zginąłby z woli własnej, dokonałby czynu podmiotowego (próby samobójcze więźniów obozowych były karane, właśnie jako akt ludzkiej autonomii). *Muzułmanin* obozowy ginął, bo dokonywało się w nim najgłębsze ludzkie samozniszczenie, jakim jest uwewnętrznienie cudzej woli – woli tych, którzy mieli go jako więźnia w swojej władzy – aby on sam nie miał żadnej woli własnej. Nie aby po prostu zginął, fizycznie. Ale żeby zginęło w nim jego własne „ja". *Muzułmanin* obozowy unieczynniał kolejno – jak chciał Edyp – swoje zmysły, wydziedziczał się ze swoich organów kontaktu ze światem zewnętrznym i z sobą samym, *aby nic nie widzieć i nic nie słyszeć więcej*, niszczył w sobie możliwość doznawania czegokolwiek, aby znaleźć się *poza kresem zbrodni*, cudzej, *i rozpaczy*, własnej: wytwarzał w sobie pustkowie. Żywe pustkowie. Wytwarzał w sobie to żywe pustkowie – śmierć psychiczną, śmierć osobowości, znieistnienie własnego „ja" – ku któremu, jak to ukazuje Bettelheim w rozważaniach poświęconych niemieckiemu obozowi koncentracyjnemu jako systemowi niszczenia ludzkiej osobowości, obóz miał człowieka doprowadzać zgodnie z pierwotnym celem, zanim zabijał fizycznie. I zanim głównym celem niemieckich obozów – po późniejszym wprowadzeniu tak zwanych obozów śmierci – stało się zabijanie fizyczne.

Ale Edyp, dążąc w momencie katastrofy tragicznej do stanu *muzułmanina*, obrazuje w aktach samozniszczenia za życia aż dwojakie zniszczenie, którego stał się obiektem, a które teraz odkrył. Działa pod wpływem poznania, że z woli rodziców miał zginąć. I działa pod wpływem poznania, że z woli bogów został pozbawiony woli własnej, wyzuty z własnej podmiotowości, odarty z własnego, autentycznego „ja". Popełniając bowiem ojcobójstwo i kazirodztwo czynił nie to, co sam chciał – z wszystkich sił chciał uniknąć tych czynów, gdy dowiedział się od wyroczni, że są mu one sądzone – ale co chcieli bogowie. Zniweczenie wewnętrznej podmiotowości Edypa, dokonane przez wszechpotężnych bogów, wiedzie go ku uzewnętrznieniu tego, czego stał się ofiarą, w aktach samozniszczenia zewnętrznego. Akty te obrazują zewnętrznie to, co wszechpotęga bogów uczyniła z nim wewnętrznie. Doświadczenie Edypa to doświadczenie świata jako rządzonego przez bogów obozu koncentracyjnego doskonałego.

A jednak jest tu jeszcze inaczej. Edyp został dwakroć zniszczony z woli ludzkiej. Przepowiednia apolińska dana Lajosowi co do losu – to jest właśnie czynów – jego syna nie miała bowiem charakteru bezwzględnego, nie przesądzała w ogóle, że Lajos musi mieć syna. Była przestrogą. Jokasta u Sofoklesa powiada:

> Lajos otrzymał kiedyś wyrocznię [...],
> iż jeśli mu się w stadle ze mną syn narodzi,
> przeznaczono mu losem zginąć z ręki syna.

J e ś l i. Znawca starożytności, Tadeusz Zieliński, nazywa to fatalizmem warunkowym, Lajosowi bowiem, inaczej niż później Edypowi, pozostawiony został wolny wybór: mógł nie mieć syna. Zależało to od niego samego, od jego kontroli popędowej. W znanych wersjach mitu wyrocznia wprost przestrzega Lajosa przed pożyciem małżeńskim, aby syn, któremu – j e ś l i zostanie przezeń powołany do życia – przeznaczony jest los ojcobójcy i kazirodcy, nie został przez niego spłodzony. Tak więc uruchomienie wydziedziczającej Edypa z woli własnej – woli bogów, ich klątwy, uzależnione tu jest w pełni od drugiego człowieka. A na domiar wszystkiego, według mitu klątwa ta ma być karą wymierzoną Edypowi za przewinę popełnioną niegdyś przez jego ojca, Lajosa, kiedy Edypa nie było jeszcze w ogóle na świecie, co przypomina biblijną opowieść o grzechu pierworodnym, kiedy to kto inny popełnia przewinę, a kto inny – każdy, kto się potem narodzi – ponosi za nią karę.

Edyp został dwakroć zniszczony z woli ludzkiej. Wydany na świat, został zniszczony wewnętrznie, zanim został wydany na śmierć.

W pierwszym dramacie Sofoklesa o Edypie, w *Królu Edypie*, uwydatniony jest przede wszystkim wstrząs, jakiego doznaje Edyp, poznając, że jest s p r a w c ą – sprawcą ojcobójstwa i kazirodztwa. Jego kończące tragedię akty samozniszczenia za życia motywowane są tutaj jawnie – w tym, co mówi, jak sam siebie przeżywa w owej chwili – przede wszystkim tym właśnie odkryciem. Motywowane są poczuciem winy. Prawdziwie p u s t o s z ą c y m poczuciem winy – wyganiającym go na pustkowie i czyniącym z niego samego pustkowie.

Drugi, głębszy sens kończącej utwór Sofoklesa autodestrukcji Edypa, głębszy sens samooślepienia i wygnania siebie samego na pustkowie, a więc skazania siebie na dokonanie życia w śmierci za życia, wiąże się z jednoczesnym odkryciem przezeń, że jest nie tyle sprawcą (ojcobójstwa i kazirodztwa), co o f i a r ą. Ofiarą dokonanego na nim dzieciobójstwa. Ofiarą wyzucia z woli własnej przez wolę bogów. Ofiarą poczęcia, które nie powinno było się dokonać („Ja, com się począł, skąd się nie godzi"). I ten drugi, głębszy sens uwydatniony został w pełni przez Sofoklesa w drugim dramacie o Edypie, w *Edypie w Kolonie*.

Tutaj Edyp powiada wprost:

> [...] byłem ich ofiarą
> raczej niż sprawcą.[3]

[3] Cytaty z *Edypa w Kolonie* podaję w przekładzie Ludwika Hieronima Morstina.

Mówi tak o swoich czynach, ojcobójstwie i kazirodztwie. Spełnił je „mimo woli". Zostały przesądzone wolą bogów, kiedy sam „nie był nawet w matki łonie". Dlatego może uznać: „nie z mojej winy wszystko się stało". Dokonał tych czynów, „świadomy nie będąc wcale". Nie wiedział, co czyni. Toteż teraz może także wypowiedzieć wprost to, co dla niego najstraszliwsze:

> a oni,
> ci, co mnie na świat wydali, morderce,
> dobrze wiedzieli, co czynią.

I chór – czy chór starców kolonejskich pod starożytnymi Atenami, dokąd przybył tułający się po pustkowiu ślepy Edyp? czy chór ludzkości? – mówi do władającego tym krajem Tezeusza:

> Zacny to człowiek, królu, [...]
> [...] on pomocy godny.

I Edyp otrzymuje pomoc, ludzką pomoc. Otrzymuje coś więcej – nagrodę bogów, o którą prosi dla niego chór w ostatniej pieśni-modlitwie, w słowach, co po raz siódmy już w tym dramacie głoszą niewinność Edypa:

> że nie z własnej winy cierpień doznał mnóstwa,
> niech sprawiedliwie nagrodzą go bóstwa.

Jednak już w pierwszym dramacie Sofoklesa o Edypie uderza, że chór starców tebańskich wstrząśnięty jest bardziej samooślepieniem Edypa niż tym, że popełnił ojcobójstwo i kazirodztwo. Wstrząśnięty tak dogłębnie, że kiedy Edyp mówi przed chórem o tamtych uczynkach – chór, odpowiadając mu, mówi o tym uczynku. Kiedy Edyp przed chórem daje wyraz rozpaczy, że popełnił tamte czyny – chór, rozpoczynając swą odpowiedź od na pozór nawiązującego do tamtych czynów i potwierdzającego „zaprawdę", daje jednak wyraz rozpaczy, że Edyp dokonał na sobie teraz tego samoniszczycielskiego czynu. I rozpacz chóru z tego powodu jest tak głęboka, żal, że Edyp to uczynił, tak bezbrzeżny, współczucie dla niego, oślepłego teraz, tak wszechobejmujące, że nagle zdajemy sobie sprawę, że ten chór starców tebańskich nie jest już chyba tylko chórem starców tebańskich. W jego głosie słyszymy nagle chór ludzkości.

Jeśli bowiem jest aż tak wstrząśnięty samozniszczeniem Edypa, to czy rzeczywiście tylko dlatego, że – jak powiada Domownik, który przyniósł chórowi wiadomość o samooślepieniu Edypa – tamte czyny, ojcobójstwo i kazirodztwo, popełnione zostały przez niego „z dopustu", ten zaś czyn, samooślepienie, to „zgroza" „własną wywołana wolą"?

Chór ludzkości chyba wie, że tragedia Edypa jest jeszcze głębsza. Wie, że również samoniszczycielstwo Edypa wywodzi się nie z jego własnej woli, ale z woli cudzej, przez Edypa jedynie uwewnętrznionej. Chór ludzkości – choć nie mówi o tym wprost, ale objawia to siłą swego bólu, żalu i współczucia – dosłyszał słowa, które przemknęły we wzburzonej mowie wstrząśniętego swymi odkryciami Edypa: „niechże z ich woli zginę".

Mit o Edypie to mit o dzieciobójstwie, tak. Jeden z wielu mitów o dzieciobójstwie przekazanych nam przez starożytność. Ale dzieciobójstwo polega tu na wywłaszczeniu z własnego „ja". I zarazem na wywłaszczeniu z wszelkich więzi międzyludzkich. Jest zabiciem drugiego człowieka na duszy.

Wytwarzanie cudzego nieistnienia

o! moi wy nieprzyjaciele,
Którzy, począwszy od pełności serca,
Aż do ziarn piasku pod stopami mymi...
Wszystko mi wzięliście, mówiąc: „Nie słyszy –
Nie wie – nie widzi – nie zna..." Wam ja, z góry
Samego siebie ruin [...]

Można również takim sposobem wygnać kogoś na pustkowie Kitajronu. „Nie słyszy" – słuchu wrota mu zamknąć, „nie widzi" – oślepić go; a przecież słyszy i widzi. „Nie wie", „nie zna" –

wmieścić weń pustkę, tam gdzie jest pełnia jego życia. Pustkę otoczoną głuchym murem milczenia – z zewnątrz, nie z wewnątrz. Można unieważnić w ten sposób – a więc unicestwić – wszystko, co słyszy, wie, widzi, zna, wywłaszczyć go w ten sposób z własnego, autentycznego „ja". I zarazem odciąć od więzi z jakimkolwiek drugim człowiekiem. Wytworzyć czyjeś nieistnienie.

Ten przedziwny fragment Norwidowski – a istoty zawartego w nim doświadczenia wewnątrzludzkiego i międzyludzkiego nie sposób w ogóle oddać w mowie niepoetyckiej – raz po raz wyłania się z pamięci, kiedy śledzi się nowe, nieznane dotąd warstwy bytu ludzkiego odkrywane w Bettelheimowskich historiach przypadków. Tak, Bettelheim ma rację. Jedynie dzieło sztuki, a nie historia przypadku, może oddać w pełni doświadczenie istot ludzkich, których dzieje próbuje przedstawić w swoich pracach. W pełni, to znaczy – zgodnie z naturą sztuki – czasem przez jeden rozbłysk w słowie poetyckim prawd ludzkich inaczej niewyrażalnych, przez nagłe rozświetlenie w jednym obrazie poetyckim prawd ludzkich niedostrzegalnych. Ależ w świecie ciężkich zaburzeń psychicznych z takich poetyckich słów i obrazów poetyckich układa się całe ludzkie życie! Tyle że słowo jest tu ciałem, poezja rzeczą, uczynkiem, zdarzeniem dnia codziennego. Jak choćby wówczas, kiedy dziecko obrazuje, co się z nim wewnętrznie dzieje, gdy jedynym jego zajęciem jest wydzieranie i darcie na strzępy kolejnych kart książki. Poeta mówi o ruinach siebie samego przenośnią językową. Dziecko mówi o ruinach siebie samego przenośnym uczynkiem, czyni z przedmiotem to, co w jego odczuciu czynią z nim inni ludzie, pokazuje, że czuje się rujnowane, rujnując przedmiot. I to przedmiot, który jest pełen wewnętrznych treści, który 'słyszy', 'wie', 'widzi', 'zna'. Książkę!

Nie inaczej czyni w *Mewie* Czechowa główny bohater dramatu, Konstanty – tylko uczynek jego będzie jeszcze bardziej wyrazisty, bo książka jest przez niego samego pisana:

Zbiera rękopisy, leżące w nieładzie na biurku, i rozdziera jeden po drugim, strzępy rzuca w piec, potem odmyka drzwi prawe i wychodzi[4].

Wychodzi, aby w przyległym pokoju popełnić samobójstwo. Już je na naszych oczach popełnił, rękopisy były jego własne, w nich mieściło się to, co słyszał, wiedział, widział, znał. Tak jak na naszych oczach przez cały czas trwania dramatu ci drudzy, którzy byli dla niego najważniejsi w życiu – żył wśród nich, a przecież między nimi a nim było pustkowie Kitajronu – wytwarzali jego nieistnienie. On je teraz tylko – uwewnętrznił? czy uzewnętrznił?

Bo ich twarze tchną głazem, jak Meduzy głowa

– powie w swoim monologu bohaterka pierwszej części Mickiewiczowskich *Dziadów*. Bywają przedziwnie wiedzące metafory. Pod pozorami martwego już niemal skonwencjonalizowania kryje się w nich niemal niewyrażalne – bo tak głębokie i tak dotąd nierozpoznane – żywe ludzkie doświadczenie.

W *Mewie*, na samym początku tego dramatu kończącego się samobójstwem głównego bohatera, Konstanty – w monologu, który napisał na użytek domowej scenki teatralnej, a w którym chce przedstawić domowym widzom, „co będzie po dwustu tysiącach lat" – przedstawia im właśnie swoje między nimi a nim pustkowie Kitajronu, swój własny pejzaż wewnętrzny, pejzaż noszony w sobie od dwustu tysięcy lat, czyli od własnego niepamiętnego pradawna, od chwili swoich narodzin:

> [...] wszystkie żywoty skończyły bieg swój smutny i zgasły. Od wielu stuleci już ziemia nie chowa ani jednej istoty żyjącej i biedny księżyc tam w górze na darmo nieci swe światło. [...] zimno jest, zimno, zimno! Pusto jest, pusto, pusto! Straszno mi, straszno, straszno! [...] Jak więzień, którego wtrącono do studni głębokiej i pustej, nie wiem, gdzie jestem i co mnie czeka. [...] groza, groza... [...] Od kiedy nie ma już ludzi...

[4] Cytaty z *Mewy* podaję w przekładzie Gustawa Baumfelda.

Ten spektakl zainscenizowany przez Konstantego na domowej scence teatralnej jest jak spektakl na domowej scence teatralnej w *Hamlecie*, zainscenizowany przez Hamleta dla wykrycia domowej zbrodni. Tyle że tutaj Konstanty, ten, na kim zbrodnia ta popełniana jest każdego dnia, każdej chwili, inscenizuje przedstawienie nie z myślą o zemście, ale powiadając nim: patrzcie, co cierpię, poniechajcie zbrodni. Mimo to spektakl ten zostaje przez matkę Konstantego przerwany równie gwałtownie jak spektakl w *Hamlecie* przez stryja-zabójcę. Ale przerwany nie wstrząsem rozpoznania, tylko natychmiastowym ponowieniem zbrodni: zwykłą, domową, a zabójczą – jak mawia się nawet potocznie, a więc bez żadnych nadzwyczajnych głębi – ironią. Szyderstwem i ironią unicestwiającą to, co jej syn słyszy, wie, widzi, zna, a co na tej scence domowej próbuje domownikom przedstawić. Stryj-zabójca nie mógł znieść prawdy o sobie. Matka Konstantego – w tym poznawczo wręcz wyzywającym dramacie Czechowa – nie może znieść istnienia syna.

Poeta, znieistniały za życia, będzie *szukał grobu na półokręgu przeciwległym globu*. Opuści Europę, podąży aż za ocean; Ameryka, do której uchodzi, to jego pustkowie Kitajronu. Dziecko znieistniałe za życia, przeciwnie: znieruchomieje, jak kariatyda ludzka – przeciwieństwa stykają się – i będzie szukało grobu w samym sobie.

Można jeszcze inaczej wytworzyć czyjeś nieistnienie. Odwrotnym sposobem. Nie tak, że mówi się: „Nie słyszy – nie wie – nie widzi – nie zna", ale samemu nie słysząc, nie wiedząc, nie widząc, nie znając. Podobnie jak działo się to w przełomowym momencie życia młodego Słowackiego, między nim a najważniejszą dla niego wówczas osobą, Janem Śniadeckim, co ukazuje przedziwny fragment jednego z listów Słowackiego:

> Przy tym człowieku ja, dziecko [Słowacki kończył już wówczas studia – D. D.], igrałem jak przy wielkim posągu, ale ten lew brązowy zdawał się nie uważać na mnie, nie wiedzieć, nie czuć, że ja egzystuję na świecie; jam też był przekonany, że oczy jego siwe

mnie nie widzą, że ucho jego wyrazów moich nie słyszy, i nieraz wrzał we mnie gniew, a serce gotowało się na jakieś straszne wysilenie sił duchowych, aby ściągnąć czynem albo pieśnią tego człowieka uwagę...

Tyle że Bettelheimowskie historie przypadków, kiedy to czyjeś nieistnienie wytwarzane było podobnym sposobem – czasami zupełnie nieświadomie, jak choćby przez chorą na ciężką melancholię matkę, nie reagującą na żadne potrzeby, a więc na samo istnienie dziecka – ukazują, jak dalece szukanie grobu w sobie równoważne bywa (przeciwieństwa stykają się) takiemu strasznemu wysileniu sił duchowych.

Do czasu. „Aktor najpierwszy – Talma, milionami nawet płacony, aby w wieczór grał w pustym teatrze, manekinami ruchomymi i gadającymi na scenie otoczony... po kilku wieczorach – padłby na deskach bez ducha" – zauważa kiedy indziej Słowacki.

Tak bohater jednej z wczesnych powieści Becketta, Murphy, znieistniały w pustce oczu najważniejszej postaci swego życia, pana Endona, starca, niby-ojca, niby-króla, niby-Boga, wróci od niego nocą do swojej mansardy, wciągając za sobą umożliwiającą dostęp do niej drabinę – jeszcze jedno pustkowie Kitajronu – i znieistnieje na zawsze.

– Ostatnie spojrzenie Pana Endona, jakie otrzymał Pan Murphy, to był Pan Murphy niezauważany przez Pana Endona. Było to zarazem ostatnie spojrzenie, jakie Murphy otrzymał od Murphy'ego[5].

Murphy bowiem z tak bliska spojrzał w oczy pana Endona, wciągnięty w nie przez ich pustkę – stary pan Endon, pacjent szpitalny, jest nadto głuchy i niemy – że naraz ujrzał w nich „przerażająco odbarwione, zniekształcone i pomniejszone własne odbicie".

[5] Wolałam dać tłumaczenie niezgrabne („otrzymać spojrzenie") niż zatracić jeden z ważnych sensów.

– Pan Murphy to atom w nieznanem Pana Endona.
To było wszystko.

I wówczas Murphy pójdzie od niego precz, by wrócić do siebie, do swojej mansardy, a idąc powoli, zrzuci po drodze kolejno wszystkie części swojego ubioru, aż zostanie zupełnie nagi, i w końcu nie będzie już nawet odrywał stóp od ziemi – jak obozowy *muzułmanin*. I jak Marcia, dziewczynka autystyczna, której dzieje przedstawia Bruno Bettelheim. Pustkę w oczach pana Endona, przemieniającą jego, Murphy'ego, w atom, w rzecz, Murphy wziął w siebie. Pustka w oczach pana Endona, przemieniająca jego samego, pana Endona, w nieznane, w rzecz – zamiast spojrzenia bowiem Murphy ujrzał źrenice, tęczówki i lustrzaność gałek ocznych, w których pomniejszającej perspektywie to, co odbijane, niknie aż do niewiadomej zatraty – ta pustka stworzyła pustkę ze spoglądającego w nią Murphy'ego.

> Daremnie spróbuje odtworzyć w myślach wyobrażenie jakiejkolwiek istoty, czy to człowieka, czy zwierzęcia, kiedykolwiek znanej. Fragmenty ciał, pejzaży, rąk, oczu, linii i kolorów nic nie znaczyły, wyłaniały się przed nim, nasilały i znikały...

I po tej fragmentacji, po tym rozbiciu, któremu ulega działanie władz wewnętrznych Murphy'ego, działanie jego duszy – w procesie cofającym go ku stanowi bezosobowego, odczłowieczonego, niepostrzeganego i niepostrzegającego atomu, ku stanowi r z e c z y – Murphy powróci ostatecznie do stanu rzeczy: do owego pierwotnego chaosu (co jako słowo i doświadczenie pojawia się raz po raz w opowieści o losach bohatera), z którego jako istota ludzka z takim trudem próbował się wyłonić. Próba ta zostaje ostatecznie unicestwiona. Tyleż samobójcza co niesamobójcza śmierć Murphy'ego na wygnaniu ze świata ludzkiego, międzyludzkiego, nocą, w odciętej od świata mansardzie, to ostateczne samounicestwienie przez unicestwiającą pustkę w oczach drugiej istoty ludzkiej.

*

O! Boże… jeden, który JESTEŚ – Boże,
Ja także jestem…
choć jestem przez Ciebie.

*

Jednak nawet te słowa znieistniałego międzyludzko poety, zwrócone do Boga, wypowiedziane zostają przez niego w liście – w odpowiedzi na *pierwszy list co go doszedł z Europy* – do drugiego człowieka. Po długim milczeniu (bo to właśnie wyraża graficzny znak przerwy), ale milczeniu w tym liście. I by znowu długo milczeć (co wyraża ponowiony znak graficzny), ale milczeć w tym liście. Między dwiema długimi chwilami milczenia, w liście do drugiego człowieka.

Istnienie bez wzajemności w *Dziadach*

Brak poczucia własnego istnienia, brak pewności – poczucia realności – własnego bytu, niedoistnienie, oto nowe, nieznane dotąd warstwy czy postacie bytu ludzkiego, odsłaniające się w stanie skrajnym w świecie ciężkich zaburzeń psychicznych wieku dziecięcego. Nowe? Nieznane? Wszak przynajmniej jedną całą epokę literatury światowej przenika dążność do dania wyrazu – a raczej niemożność dania wyrazu – temu ludzkiemu doświadczeniu, w różnej jego skali. Doświadczeniu, które może sprawić, że będzie nas zawodziła przez całe życie elementarna możność życia. Doprowadzając nas nawet do tego, że zechcemy położyć kres własnemu życiu. Jest to oczywiście literatura romantyczna.

O, gdybyśmy dzielące rozerwawszy chmury,
Choć przed zgonem tęsknymi spotkali się pióry,
Lub słowem tylko, wzrokiem, – dosyć jednej chwili,
Dosyć, by się dowiedzieć tylko, żeśmy żyli.

Jak to! D o w i e d z i e ć s i ę, żeśmy żyli? Mickiewiczowska Dziewica w *Dziadach* żyje, nie wiedząc, że żyje? Nie mając poczucia, że istnieje? Poczucia, że jest?

I jak to, człowiek sam nie może zyskać poczucia własnego istnienia? Aby móc się dowiedzieć, że żyje, poczuć, że istnieje, że jest – potrzebuje drugiego człowieka?

Tak. To, co poeta odkrywa z prawd ludzkich, międzyludzkich w sztuce dramatycznej, w jednym zachwycającym monologu (choć może monolog ten słyszeliśmy dotąd głucho), odkrywano w sztuce psycholeczniczej, w psycholeczniczym doświadczeniu międzyludzkim, krok po kroku, latami, w niewyobrażalnym codziennym trudzie podołania codziennym międzyludzkim dramatom, i bynajmniej nie pośród zachwytów świata, ale wśród napaści i kalumni, których nie szczędzi się odkrywcom po dzień dzisiejszy.

Poczucie własnego istnienia wytwarza się między człowiekiem a drugim człowiekiem – albo nie wytwarza. Dokładnie na odwrót niż w przeświadczeniu Kartezjusza, które ustanowiło fundament nowożytnego myślenia o człowieku.

Kartezjusz bowiem bada człowieka: siebie, człowieka dorosłego, to znaczy wówczas, gdy poczucie własnego istnienia – opierające się teraz, gdy jest dorosły, na doświadczeniu solipsytycznym: zdaję sobie sprawę z tego, że doznaję czegoś, więc jestem – już zostało w nim pomyślnie zbudowane (i dlatego może je teraz w sobie odkryć). Zostało w nim zbudowane przez jego dawne, minione, a pomyślne właśnie doświadczenia międzyludzkie, a nie ludzko osobne; tak wczesne w jego życiu, i tak dalece pomyślne, że ani o nich teraz nie pamięta, ani w ogóle nigdy nie zdawał sobie z nich sprawy. Poczucie własnego istnienia, które teraz soliptycznie w sobie odkrywa, to już procent od mieszczących się w nim międzyludzkich kapitałów.

Bo przecież na początku każdy człowiek istnieje nie sam, osobno, jako byt odrębny, ale w przedziwnie dwoisty sposób, żyjąc niezupełnie własnym życiem, ale też niezupełnie cudzym: istnieje w drugim człowieku (niby w stanie przedziwnego ludożerstwa). I to najdosłowniej. Z własnym ciałem i własną duszą w ciele i duszy drugiego człowieka. Tyleż więc własne jest wtedy jego ciało, co niewłasne, tyleż własna jego dusza, co niewłasna. J e s t e m, c h o ć j e s t e m p r z e z n i e g o, przez tego drugiego człowieka. I nadal, choć już w odmienny sposób, człowiek długo jeszcze istnieje przez niego – lub przez inną istotę ludzką, która wzięła na siebie jego przetrwanie – gdy znajdzie się już na zewnątrz ciała i duszy owego drugiego człowieka.

Ten nowy fundament myślenia o człowieku – czyli jego rozumienia – tak najoczywiściej oczywisty, że długo, jak to nieraz bywa z rzeczami najoczywistszymi, prześlepiany, wniosło Freudowskie doświadczenie w rozumieniu człowieka.

W sferze refleksji filozoficznej odpowiadają mu rozwijane w XX wieku, tak znamienne dla niego, a przeciwstawne wobec myślenia kartezjańskiego, filozofie spotkania czy dialogu.

Doświadczenie to ukazało, że jak n a p o c z ą t k u człowiek nie istnieje osobno, sam, tak również w późniejszym życiu nie istnieje nigdy osobno, sam, nawet w najmniejszych poruszeniach najniklejszych drobin swego życia wewnętrznego. Nawet wtedy bowiem, gdy zewnętrznie jest najzupełniej sam, ma w sobie, jak psychiczny ludożerca, innych zaznanych w życiu ludzi, takie czy inne ich cząstki (lub nawet całe konstelacje cząstek czy całe wewnętrzne struktury), przezeń w różny sposób uwewnętrznione – albo odrzucone. Ma lub nie ma! Zaznanych lub niezaznanych! Jeśli nie ma, albo jeśli niezaznanych, to ma wyrwy w sobie, wyrwy bytowe, brakuje mu do własnego istnienia, do istnienia własnego „ja". Albo też, jeśli cudza cząstka wypchnęła własną cząstkę jego „ja", autentyczną, niwecząc ją (lub niwecząc możliwość jej wytworzenia) i wmieściła się w jej miejsce, człowiek taki również ma wyrwę bytową w sobie, brakuje mu do własnego istnienia, brakuje mu i przeszkadza mu do istnienia, do istnienia własnego „ja".

I na tym właśnie, na empirycznym odkryciu i zbadaniu, jak dalece człowiek – w przedstawionym tu sensie – nigdy nie jest sam, polega chyba najistotniejsza rewolucja Freudowska w rozumieniu człowieka; na równi ze skądinąd niedającym się przecenić odkryciem działania i praw ludzkiej sfery psychocielesnej nieświadomej (i oba te odkrycia oczywiście ściśle się ze sobą wiążą)[6].

Rewolucja ta pociągnęła za sobą, w miarę dalszej pracy w tej dziedzinie, lawinę odkryć, odsłaniających nieznane dotąd warstwy czy pokłady bytu ludzkiego, które jak gdyby spoczywają jedna pod drugą lub przedziwnie współistnieją ze sobą, nawet gdy są sprzeczne. Albo wręcz warunkują się wzajemnie. I po latach doprowadziła do wiązki odkryć nad odkryciami. Jeśli je dobrze przenikam, koncentrują się one wokół odsłoniętej w ten sposób porcji czy warstwy bytu ludzkiego, która w ogóle warunkuje możność bytu ludzkiego, a którą jest poczucie własnego istnienia. Poczucie, jakie w istocie ludzkiej – i to stanowi kolejne odkrycie w tym odkryciu – stworzyć może tylko drugi człowiek. Stworzyć może tylko określona więź międzyludzka. Stworzyć może tylko coś, co zachodzi między człowiekiem a człowiekiem. Jedynie przez drugiego człowieka możemy *dowiedzieć się, że żyjemy.*

I abyśmy w ogóle mogli żyć – i chcieli żyć, wbrew bowiem dotychczasowemu przeświadczeniu chęć życia musi w nas zostać wzbudzona – każdy z nas winien dowiadywać się przez drugiego człowieka, że żyje, już w samych zaczątkach życia.

[6] Pokazuje to całość prac Freuda, ale warto zwrócić uwagę choćby na takie uogólnione już ujęcie tej rewolucyjnej kwestii w skromnych słowach studium Freuda z 1920 roku, *Psychologia zbiorowości i analiza ego*: „Wprawdzie przedmiotem zainteresowania psychologii jednostki są poszczególni ludzie i badania, w jaki sposób starają się oni osiągnąć zaspokojenie swych popędów, jednakże rzadko i tylko w określonych wyjątkowych warunkach jest się w stanie pominąć stosunki łączące ich z innymi jednostkami. W psychicznym życiu jednostki inni ludzie wchodzą z reguły w rachubę jako wzory, obiekty, pomocnicy i wrogowie, toteż psychologia jednostki od samego początku jest również psychologią społeczną w tym rozszerzonym, ale całkowicie usprawiedliwionym znaczeniu". (W zbiorze przekładów prac Freuda *Poza zasadą przyjemności*, tłum. Jerzy Prokopiuk, Warszawa 1976, s. 269).

Jakaż to zadziwiająco wiedząca metafora, to spotkanie, które w odczuciu bohaterki *Dziadów* jest dla niej nieodzowne, by mogła dowiedzieć, się, że żyje, zyskać poczucie, że istnieje, że jest – spotkanie *tęsknymi pióry*. Mówi: *pióry*, bo chodzi o skrzydła, bo przed chwilą powiedziała:

> Jest i musi być kędyś, choć na krańcach świata,
> Ktoś, co do mnie myślami wzajemnymi lata!

Tak, dlatego mówi o spotkaniu tęsknymi pióry. Ale w wielkiej poezji metafory mieszczą w sobie często całe złoża głębokich, nawet nieświadomych doświadczeń międzyludzkich, czy to doświadczeń zaznania, czy właśnie niezaznania. I jakaż to przedziwnie wiedząca metafora, to niezaznane, upragnione spotkanie tęsknymi pióry, metafora, w której napowietrzny, w napowietrznej przestrzeni dokonujący się, niemal odcieleśniony, najdelikatniejszy i najmiększy, skoro to pióra w locie, dotyk oddaje doświadczenie – zaznania lub niezaznania – czegoś tak niemal odcieleśnionego, napowietrznego i dokonującego się w napowietrznej przestrzeni między jednym człowiekiem a drugim, jak postawa jednego człowieka wobec drugiego. Dobry dotyk! I sublimacja tego dotyku – *słowo, wzrok!* Dobry dotyk, najwcześniejsze z niezbędnych do życia – jak niedawno odkryto, próbując zrozumieć człowieka – doświadczeń istoty ludzkiej, kiedy przychodzi na świat. Niezbędne, by urodziwszy się, w ogóle chciała żyć, chciała podjąć życie. Istoty ludzkiej? Ależ już nawet niemowlę zwierzęce, mała małpa, mając do wyboru dwie atrapy matczyne, jedną twardą, drucianą i dającą mleko, i drugą miękką, puszystą, niedającą mleka, w sytuacji zagrożenia egzystencjalnego biegnie do tej drugiej, wybiera dobry dotyk! Oto co okazuje się już dla zwierzęcego niemowlęcia najniezbędniejsze do życia. Potrzebuje ono do życia tego samego dobrego dotyku, jakiego z płaczem nieuciszonym po dziś dzień domaga się niemowlę ludzkie w *Wyznaniach* świętego Augustyna, niemowlę potępiane przezeń za pożądliwość: już jest syte mleka mamki, już nakarmione, a jeszcze z płaczem domaga się, by się znaleźć przy piersi mamczynej, to grzech! Ach, nieludzki święty Augustynie, niemowlę potrzebuje do życia tego samego, co ty dla siebie uznałeś za niezbędne do życia, bez czego nie możesz żyć. Miłości. Miłości szczęśliwej, której najgłębszą istotę stanowi istnienie z wzajemnością.

> Jakie tylko uczucie na mych oczach błysło,
> Natychmiast lotem promyka
> Aż do jej serca przenika,
> I na powrót błyszczy w oku.
> Ach tak! tak ją kochałem!

– powiada w *Dziadach* Gustaw. Tak ją kochałem? Czy tak ona mnie kochała? Ona – lecz nie ta, ale tamta, rzeczywiście jedyna w moim życiu, i wówczas, gdy przyszedłem na świat, rzeczywiście będąca całym moim światem? Na p o c z ą t k u, gdy byłem niemowlęciem i małym dzieckiem, tak ona powinna była mnie kochać, abym mógł dowiedzieć się, że żyję, i abym dzięki temu mógł w ogóle chcieć żyć. Bo na p o c z ą t k u, kiedy jakieś uczucie na mych oczach błysło, nie wiedziałem jeszcze, że wiem, że błysło, i nie wiedziałem, że wiem, jakie, nawet wówczas, gdy było najbardziej dotkliwe. Nie miałem jeszcze samoświadomości. Nie mogłem być Kartezjuszem. Dopiero wtedy, gdyby uczucie to przeniknęło do jej serca i na powrót błyszczało w jej oku, mógłbym rozpoznać, jak w zwierciadle, że to uczucie było we mnie, i j a k i e było. Dopiero wtedy mógłbym zyskać poczucie rzeczywistości tego uczucia we mnie – rzeczywistości tego, co widzę, słyszę, wiem, znam – czyli poczucie własnego istnienia. Pewność, że jestem. *Samo*-świadomość mógłbym zyskiwać tylko przez świadomość-*mnie*, przekazywaną mi, komunikowaną zwrotnie, przez drugiego człowieka. Poczucie, że istnieję, przeświadczenie, że jestem, mógłbym zyskiwać tylko dzięki potwierdzaniu mi mojego istnienia – przez jego odzwierciedlanie – jakie ofiarowywał mi drugi człowiek...

Ale widocznie nie ofiarowywał. I dlatego owo dojmujące, niedające żyć, bo niezaspokojone we wczesnym dzieciństwie pragnienie, aby takie odzwierciedlanie otrzymywać, wsnuło się – jako marzenie, jako ideał miłosnej więzi – w życie wewnętrzne człowieka dorosłego. Bo właśnie tylko w pomyślnych okolicznościach wczesnego dzieciństwa istoty ludzkiej dokonuje się spontaniczne, niemal nieustanne i niemal niezauważalne, przebiegające w toku najzwyklejszej codzienności – a niezbędne do życia, jak się od niedawna okazuje – odzwierciedlanie jej tego, co się z nią dzieje, w reakcjach na wszelkie przejawy jej życia, przez osobę, z którą dwoiście żyje. Człowiek-niemowlę i człowiek-małe dziecko długo jeszcze istnieje bytem przedziwnie dwoistym. We własnej psychocielesności, we własnym „ja" – i zarazem w psychocielesności, w „ja" drugiego człowieka. Ma jakby nadal przedziwnie wspólną z drugim człowiekiem ciałoduszę. Nie, nie tyle może wspólną. Owszem, w szczególny sposób wspólną: wzajemną.

> Tak znaliśmy nawzajem czucia wspólnej duszy,
> Co jedno pomyśliło, już drugie odgadło.
> Całą istnością połączeni ścisło,
> Spojrzawszy tylko na twarzy zwierciadło,
> Serce nasze jak w czystym widzieliśmy stoku.

Wspólna dusza? To nie jest tylko metafora. *Nawzajem*? To właśnie sedno. Bo coś takiego, co dzieje się tu na naszych oczach w tym obrazie poetyckim między Mickiewiczowskim bohaterem a jego ukochaną, dzieje się na co dzień, niemal niezauważalnie – lub w niepomyślnych okolicznościach właśnie nie dzieje się – pomiędzy człowiekiem-niemowlęciem i człowiekiem-małym dzieckiem a osobą dorosłą, przez którą żyje. A która jest gwarantem jego istnienia. Nie tylko dlatego, że zapewnia mu pożywienie. Jest gwarantem, jest ostoją jego istnienia, bo jest gwarantem jego poczucia własnego istnienia.

Poeta, chcąc oddać najgłębszą istotę więzi miłosnej – miłości erotycznej – łączącej jego bohatera z ukochaną, daje zarazem obraz skrywającej się tutaj w miłości erotycznej i jednocześnie poprzez nią właśnie odsłanianej, najwcześniejszej więzi miłosnej – miłości egzystencjalnej – jaka każdemu człowiekowi jest niezbędna do życia, kiedy tylko przyjdzie na świat. Daje obraz tego, co współczesny nam badacz głębokich pokładów ludzkiego bytu określa jako doświadczenie nuklearne istoty ludzkiej, w niemowlęcych pierwocinach jej życia, a co uważa – i nie on jeden spośród współczesnych nam duchowych ratowników człowieka – za warunek możności życia ludzkiego, za warunek możności podjęcia życia i jego rozwoju, od momentu, gdy istota ludzka zostaje zrodzona biologicznie. Doświadczenie nuklearne zaś (przedstawione zwłaszcza w Bettelheimowskiej *The Empty Fortress*, *Pustej fortecy*, książce o autyzmie dziecięcym i narodzinach własnego „ja") to właśnie dokonujące się w analogiczny sposób jak w obrazie Mickiewiczowskim, bo w mowie ciała, wcześniejszej w rozwoju człowieka od mowy słownej – poprzez dotyk, wyraz twarzy, wyraz oczu, intonację głosu – doświadczenie międzyludzkiej wzajemności. Doświadczenie, które – wbrew rozpowszechnionym mniemaniom o całkowitej bierności niemowlęcia, o jednokierunkowości jego najwcześniejszych reakcji na drugiego człowieka – musi być, jak się okazuje, ofiarowywane niemowlęciu od najwcześniejszych chwil życia, na równi z pokarmem, pokarmem fizycznym, jeśli ma się pomyślnie rozwijać, jeśli ma w ogóle chcieć żyć. Jest to ten sam elementarny, pierwiastkowy, pierworodny warunek możności ludzkiego życia, o którym – tyle że na innym poziomie egzystencji, na poziomie egzystencji człowieka dorosłego – mówi bohaterka *Dziadów*, gdy powiada:

> Jest i musi być kędyś, choć na krańcach świata,
> Ktoś, co do mnie myślami wzajemnymi lata!

I oto głąb ludzkiego serca, oto przedziwna a najprawdziwsza jego logika poetycka – w tym połączeniu takich dwu przeświadczeń, w takim logicznym porządku: „Jest i musi być"... Jak w niektórych dowodach istnienia Boga. Czy więc jest? Czy tylko musi być? A musi być, bo w przeciwnym razie...[7] Nie, dla bohaterki *Dziadów części pierwszej* „do grobu wstęp jeszcze zawarty", nie popełni samobójstwa. To znaczy nie popełni go wprost. „Ależ bo różne są śmierci rodzaje", powie bohater *Dziadów części czwartej*. Nie popełni samobójstwa wprost, istnieje bowiem jeszcze inny *zgon*, inny *grób*: „pochowajmy swą duszę za życia". Jakże byliśmy dotąd głusi na te słowa. Może ich piękno – i może sceneria: *„Dziewica w samotnym pokoju – na boku ksiąg mnóstwo, fortepiano..."* – przesłaniały nam dotąd ich z ciała i krwi sens. I może przesłaniało go też dokończenie tych słów: „pochowajmy swą duszę za życia w te karty". Nie zwykliśmy kart książek łączyć ze śmiercią wewnętrzną. A oto znowu karty książki i śmierć wewnętrzna.

I jest tu jeszcze inna przedziwność. Bohater *Dziadów części czwartej*, Pustelnik-Gustaw, ginie – żyje w samobójstwie, żyje w żywej śmierci – z nieszczęśliwej miłości, z miłości bez wzajemności.

Bohaterka *Dziadów części pierwszej*, Dziewica, także ginie, także żyje w samobójstwie, w żywej śmierci, choć nikogo jeszcze nie pokochała; nie spotkała jeszcze tego, z kim chciałaby znaleźć się w miłosnej więzi. Ginie z istnienia bez wzajemności.

Oto więc, jaki jest wynik tych dwu poetycko-matematycznych równań duszy ludzkiej, dwu poetycko-matematycznych równań istności człowieka. Jakżeśmy dotąd nie słyszeli – nie wiedzieli – nie widzieli – nie znali, skoro nie rozpoznaliśmy dotychczas, że w nieszczęśliwej miłości, w miłości bez wzajemności, sednem nieszczęścia jest istnienie bez wzajemności. I że jeśli się z niej ginie, to z tej przyczyny.

[7] „Odbieranie minimalnego zakresu odzwierciedlającego zrozumienia jest podstawową potrzebą biologiczną, bez której zaspokojenia ostatecznie nie jesteśmy w stanie przeżyć". J. Bauer, op. cit., s. 81.

Toteż nie ma realniejszej prawdy ludzkiej, międzyludzkiej w tym szaleńczym na pozór i na pozór wyidealizowanym poemacie – miłosnym i razem egzystencjalnym – jaki tworzą szczątek *Dziadów części pierwszej* i *Dziadów część czwarta*, niż owo wyznanie Gustawa o jego pragnieniu nad pragnieniami: „tylko żeby była ze mną".

nigdym śmiałymi nie zgrzeszył zapędy,
[...]
Prosiłem tylko o maleńkie względy,
Tylko żeby była ze mną,
Choćby jak krewna z krewnym, jak siostrzyczka z bratem,
Bóg świadkiem, przestałbym na tem.
[...]
Ach, jak byłbym szczęśliwy!

I dlatego też nie ma realniej unicestwiającego zawodu – miłosnego i razem egzystencjalnego – niż ten, który spotyka tu bohatera. Spotkało go bowiem uwiedzenie pierworodne. Czyni on sobie wprawdzie wyrzuty, że niesłusznie oskarża ukochaną o zwiedzenie go, oszukanie, zdradę, i nie mamy powodu wątpić, że rzeczywiście w ten sposób w błąd go nie wprowadziła:

I jakież są jej grzechy?
Czyli mię słówkiem dwuznacznym podwiodła?
Czy wabiącymi łowiła uśmiechy
Albo kłamliwe układała lice?
I gdzież są jej przysięgi, jakie obietnice?
[...]
Po cóż ta wściekłość? jakie do niej prawa?

Ale obdarzając samo istnienie Gustawa spontaniczną wzajemnością – „Każde wzruszenie moje natychmiast ją wzruszy", „Od cienia smutku mego jej wesołość gaśnie: Tak znaliśmy nawzajem czucia wspólnej duszy" – więcej mu uczyniła przysiąg i obietnic, niż byłoby to możliwe we wszelkich przysięgach i obietnicach. Wzbudziła w najgłębszej głębi duszy Gustawa – tej najpierwotniejszej zarazem, sięgającej najwcześniejszego dziecięctwa, pierworodnej – pewność, że jest kochany, bo pewność, że jego istnienie dla niej istnieje; że jego istnienie ma dla niej – spontaniczną, więc bezwarunkową, a nawet więcej, jakby przedustanowioną, skoro uprzednią wobec jej świadomej woli – w a r t o ś ć. Tak jak dzieje się to w samym ideale miłości, w miłości idealnej. I wzbudziła w nim przez to poczucie pewności jego własnego istnienia. Czyli możność życia. Wzbudziła w nim życie. Zrodziła go. Nie biologicznie, do życia biologicznego, ale po ludzku, do życia ludzkiego. I to właśnie zostało w nim zniweczone.

> Tylko żeby była ze mną.
> [...]
> Zapędzam się marnie.
> Pożegnać, porzucić każą...
> Umrzeć!...

Tak, nie ma realniejszej prawdy wewnętrznej w owym szaleńczym na pozór i na pozór wyidealizowanym poemacie niż to „umrzeć!" Ale czy każą? czy ja sam? Nie, tu chyba ani oni, ani ja sam, wszystko właśnie dokonuje się *między*.

Bohaterka *Dziadów części pierwszej* jeszcze nie jest zmuszona pożegnać, porzucić – bo jeszcze nie przeżyła spotkania. Toteż mimo że żyje w poczuciu żywej śmierci, jeszcze może mieć nadzieję. Nadzieję ocalenia w drugim człowieku. Zbawienia przez więź z drugim człowiekiem. Z człowiekiem ofiarowującym jej więź wzajemną, ofiarowującym jej to upragnione w jej monologu „nawzajem".

Pustelnik-Gustaw już utracił nadzieję, toteż, dobywając sztyletu przeciwko sobie, przeciwstawi Księdzu swoją słynną replikę:

> K s i ą d z
> Znasz ty Ewangeliją?
>
> P u s t e l n i k
> A znasz ty nieszczęście?

To nieszczęście, o którym mówi Gustaw, nie mogąc go żadnym sposobem wypowiedzieć, daremnie siląc się je przekazać – w poczuciu totalnej niemoty – wszelkimi sposobami, pasując się na scenie przez trzy symboliczne godziny z niemożnością wyrażenia go jakimikolwiek środkami wyrazu, w mowie słownej, w mowie ciała, w mowie rzeczy, zdarzeń i uczynków, to nieszczęście sięga takich warstw bytu ludzkiego i ma taką naturę, że jest rzeczywiście nie do wypowiedzenia, nie do przekazania, nie do wyrażenia. Jest tylko do wniknięcia w nie w drugim człowieku, jeśli wniknęło się w nie w sobie. W sobie pierworodnym albo w sobie w sytuacji skrajnej. Jest to nieszczęście – pierworodne albo skrajne – będące odwrotnością grzechu pierworodnego. Nieszczęście, z którego Ewangelia może zbawić tylko wtedy, jeżeli ucieleśni się w osobie drugiego człowieka, a nie zostanie na kartach Książki.

Bohater Mickiewiczowski musiał mieć wyrwę bytową w sobie, od dawna, chyba od urodzenia, o której może dotąd sam niedowiedział – a może przeciwnie, aż-nadto-wiedział, skoro wie o niej Mickiewiczowska bohaterka. Wyrwa ta odsłoniła mu się lub zintensyfikowała poczuciowo teraz, nagle, z całą niweczącą możność bytu ludzkiego, zabójczą, a raczej odwrotnie, niezaistnieniową siłą, wówczas gdy istnienie z wzajemnością, jakiego zaczął dostępować z ukochaną – a które zaczęło zapełniać w nim ową wyrwę, dzięki któremu zaczął budować w sobie brakujące cząstki, warstwy czy struktury własnego „ja" – zostało zniweczone.

Ukochana ofiarowała mu doświadczenie, którego widocznie nigdy dotąd nie zaznał, nie zaznał we właściwym w swoim życiu czasie, doświadczenie, które, gdy zostało wycofane i zaprzeczone, odsłoniło teraz wewnątrz jego „ja" całą głębię owej wyrwy bytowej. Tak dojmującą, tak niedającą żyć, że wywołuje to w nim tęsknotę nie tylko już do cudzej miłości, ale do cudzego istnienia. Do samego cudzego istnienia. Więcej jeszcze, wywołuje aż zazdrość o cudze istnienie. Wycofanie i zaprzeczenie tego doświadczenia wyjawiło, że w upragnionej przez kochającego więzi miłosnej z ukochaną chodzi nie tyle o pożądanie erotyczne, co o pożądanie cudzego istnienia.

O pożądanie, które inny poeta, Rilke, wypowie w życiu, nie w poezji, wprost, zwracając w liście do ukochanej słowa: „Chcę być Tobą!" I pisząc do niej, że dopiero *pod jej spojrzeniem* zyskuje poczucie swojego istnienia[8].

To właśnie pożądanie bohater Mickiewiczowski wyrazi w marzeniu o bezcielesnym niemal przeniknięciu się jego własnej istności z istnością ukochanej, w przedziwnym, wiedzącym obrazie tego marzenia, kiedy to jako cień zmiesza się z jej odetchnieniem i zostanie przez nią wchłonięty...

Podobnie jak jeszcze inny poeta, Lenartowicz, zdruzgotany śmiercią żony, czując, że bez niej, pozbawiony jej istnienia zwierciadlanego, nie może żyć („była tak zadziwiającej ze mną tożsamości ducha, że jednocześnie rodziły się w niej jak i we mnie też same myśli – też same sny miewaliśmy, te same żądania i wstręty"), śni, że ją w siebie wchłonął: „szedłem przyciskając ręce do piersi najprzekonańszy, że ona wstąpiła w moje ciało i że ją w piersiach niosę, i byłem tak szczęśliwy w tym śnie"...

I podobnie jak inny poeta, Krasiński, który będzie pisał do ukochanej: „Chciałbym tak zlać się z Tobą, tak przetworzyć się w Ciebie, żebym już tylko jedynie wiedział o Tobie, cierpiał, co cierpisz, myślał, co myślisz, chciał, co chcesz, a pozbył się zupełnie własnej personalności, ani mnie, ani komu na nic nieprzydatnej!" I który kiedy indziej – on, co mówił o sobie, że nosi dół w piersiach – powie: „bez Ciebie ja nie jestem".

Ale właściwie wszystko to odsłoniło bohaterowi Mickiewiczowskiemu nie tyle pewien obszar wewnątrz jego „ja", pusty, dotąd niezapełniony czy niewytworzony, co pewną jakość całości jego „ja". Pustą jak gdyby jakość całego jego – nie bytu, ale poczucia własnego bytu. Tę jakość właśnie – dla której w ludzkim

[8] Cytaty z listów Rilkego do Lou Andreas-Salomé podaję w przekładzie Wandy Markowskiej.

języku nie ma w ogóle odpowiedniego słowa – sili się wyrazić Dziewica w otwierającym *Dziadów część pierwszą* monologu. W monologu, w którym zawierają się całe *Dziady*, mimo że tak porwane na części i fragmenty, *Dziady* jako poemat-dramat o różnych rodzajach śmierci wewnętrznej. I o rozpaczliwej, śmiertelnej, a raczej właśnie przeciwśmiertelnej potrzebie więzi z drugim człowiekiem.

Tę jakość sili się wyrazić bohaterka *Dziadów części pierwszej*, gdy mówi wiedzącą metaforą o niezaznanym doświadczeniu spotkania tęsknymi pióry w locie, gdy mówi dziwnie, kiedy i jak mogłaby dowiedzieć się, że żyje, i gdy jeszcze dziwniej powiada przez wszystko, co mówi, że to właśnie, dowiedzenie się, że żyje, jest w jej odczuciu dla niej – i wzajemnie dla drugiego człowieka – niezbędne do życia. Tę jakość – rzeczywistości wewnętrznej – próbuje też przekazać, mówiąc o swojej rzeczywistości wewnętrznej w istnieniu bez wzajemności jako o głuchej, ciemnej jaskini.

> O, gdybyśmy dzielące rozerwawszy chmury,
> Choć przed zgonem tęsknymi spotkali się pióry,
> Lub słowem tylko, wzrokiem, – dosyć jednej chwili,
> Dosyć, by się dowiedzieć tylko, żeśmy żyli.
> Wtenczas dusza, co ledwie czucia swe ogarnia,
> W której rozkosze truje wiązadeł męczarnia,
> Z ciemnej, głuchej jaskini stałaby się rajem!

Z ciemnej jaskini. W której się nie widzi. Z głuchej. W której się nie słyszy. Z jaskini. W której nie ma żadnej więzi z drugą istotą ludzką. Jeszcze jedno pustkowie Kitajronu. To na takim pustkowiu dusza właśnie ledwo czucia swe ogarnia. Czyli nie może zyskać dostatecznej świadomości, że czuje i co czuje; samoświadomości. Poczucie niedosamoświadomości i poczucie niedoistnienia, poczucie niedosamoświadomości i niemożności istnienia, oto co zostaje tutaj poetycko a najprawdziwiej, matematycznie wręcz zrównane.

I antykartezjański monolog Dziewicy każdym słowem wyraża jedno: człowiek s a m nie może zyskać samoświadomości, a przez to nie może zyskać poczucia realności własnego istnienia, a przez to nie może żyć. Na tym chyba polegało jedno z odkryć – lub może niedoodkryć – romantyzmu. Od tego tylu bohaterów romantycznych ginęło. Tylko my nie przeniknęliśmy dostatecznie jasno mgły ich silącego się wyrazić niewyrażalne wysłowienia. „Na jednego anioła dwu dusz ludzkich trzeba"... Mówili o aniele. Mówili o jego przeciwieństwie – o upiorze. Wprowadzali na scenę ni to żywego człowieka, ni to widmo, żywego człowieka i zarazem widmo. Nazywali go, do czasu wyjawienia, że jednak ma imię własne, Pustelnikiem. Wypowiadali monologi o ciemnej, głuchej jaskini. Kazali mówić bohaterowi pierwszego polskiego poematu romantycznego: „jam się błąkał w grobie". Pisali w prywatnych listach, jak Krasiński, o „grobie pobielanym, nie kamiennym, ale zbudowanym z siebie samego". Wyznawali: „Gdy tu mój trup"...

Ten mój trup, ten grób, w którym się błąkali, grób zbudowany z siebie samego, ta ciemna, głucha jaskinia, ten Pustelnik, ten człowiek-widmo, ten upiór, „jeszcze na świecie, lecz już nie dla świata", to były próby przybliżenia się w sobie do pewnej odkrywanej dopiero sfery doświadczenia i dania jej wyrazu. Doświadczenia, którego skrajność poznać miał w naszych czasach obozowy *muzułmanin*, i którego skrajność, na inny sposób, staje się udziałem istoty ludzkiej w autyzmie. Doświadczenie to ma tylko różne stopnie nasilenia czy różne stany skupienia, na jednej ludzkiej skali. Na skali, której bieguny nikną dla naszego wzroku, słuchu, poznania i wiedzy w mrokach wnętrza ludzkiego, międzyludzkiego. Na jednej skali, którą z celnością geniuszu obejmują słowa Krasińskiego: „Jestem, jakobym nie był".

Muzułmanie Becketta – i ambiwalencje

W naszych czasach doświadczenie to będą próbowali wyrazić *muzułmanie* Becketta, będą próbowały wyrazić wszystkie jego pejzaże wewnętrzne, pejzaże tyleż psychologiczne co kosmologiczne, krajobrazy na pozór pośmiertne – jak ów krajobraz w *Mewie* Czechowa, ów przedstawiany przez Konstantego na scenie domowej stan wszechświata „po dwustu tysiącach lat" – a w istocie krajobrazy żywej śmierci osobowej, życia w żywej śmierci, śmierci za życia. Zaznawanej już w samym zaraniu życia. Od której można próbować wyzwolić się przez śmierć.

> Ruiny prawdziwe schronienie nareszcie ku któremu tyle razy fałszywie od niepamiętnych czasów.

Tak zaczyna swoje mówienie ten, kto mówi Beckettowskie *Bez*[9]. I jak powiada tylu tych, którzy mówią u Becketta to, co mówią. W poczuciu całkowitej niekomunikowalności międzyludzkiej, w poczuciu cofnięcia do warstw egzystencjalnych nie tylko przedsłownych, ale w ogóle przedukształtowanych, których metaforą jest błoto czy pył. Błoto, jak w najstarszych opowieściach ludzkości muł ziemi czy glina, z której człowiek miał zostać ulepiony. Pył, niczym mgławica drobin pierwotnego chaosu wszechświata. W poczuciu nawrotu nie tylko już do prawarstw bytu ludzkiego z czasów i stanu ludzkiego embrionu, ale nawet, wnikając jeszcze głębiej – we wnętrze ludzkie i zarazem w kosmos – z czasów i stanu nicości sprzed poczęcia. Nicości, która jest jak nicość po śmierci. Obie te nicości – może tożsame – zdają się należeć do bytu ludzkiego za życia, wsnuwając się w jego tkaninę (tylko nie zdołaliśmy chyba tego dotychczas dostatecznie wyraźnie zobaczyć) współistniejącym ściegiem nieistnienia. Tworząc pierworodną ambiwalencję egzystencjalną. Ambiwalencję, z której wywodzą się wszystkie inne.

[9] Cytaty z *Bez* Becketta podaję w przekładzie Antoniego Libery.

„Potrzebuję fortecy" – powie bowiem niemówiący mówiący *Nienazywalne*, kariatyda ludzka w arcydziele Becketta, kadłub ludzki silący się w tym stanie wyrazić istotę człowieczeństwa. Ale zarazem przeciwnie, mówi o oczekiwaniu ręki, przyjaznej – lub tylko miłosiernej – lub zapłaconej, aby była taka.

Albo powie gorączkowo:

> Szybko jakieś pomieszczenie. Do którego nie ma dostępu, z którego nie ma wyjścia, miejsce dające pewność. Nie takie jak Raj.

Do którego nie ma dostępu, z którego nie ma wyjścia, jaskinia doskonała, doskonała forteca. Doskonałe pustkowie Kitajronu. (Ileż razy będzie się to u Becketta powtarzało, „prawdziwe schronienie, nareszcie bez wyjścia", mówi ten, kto mówi *Bez*). Ale zarazem forteca ta opanowana jest od wewnątrz przez coś dokładnie przeciwnego niż pragnienie, aby nie było do niej dostępu i nie było z niej wyjścia, skoro przez niezmożoną potrzebę wypowiedzi, potrzebę dania wyrazu.

> [...] byłbym u siebie, opowiedziałbym, jak to jest, u mnie, zamiast nie wiedzieć o czym, to pomieszczenie, gdybym mógł opisać to pomieszczenie, odmalować je [...].

Opisać? Odmalować? Tutaj? Komu?

Skoro nie ma tu drugiej istoty ludzkiej, to choćby drugiej istocie ludzkiej w sobie samym.

To pomieszczenie, nienazywalne i niewyrażalne, głąb człowieka na Sofoklesowym pustkowiu Kitajronu – nuklearny świat wewnętrzny w Bettelheimowskiej *Pustej fortecy* – próbuje się w dziejach literatury odmalowywać różnymi środkami wyrazu. Doświadczenie jednak, o które chodzi we wszystkich tych obrazach, jest jedno, tyle że w różnej skali. Ujmują je najprościej słowa Beckettowskiego Murphy'ego: „Mój świat jest w żałobie".

Po wzajemnym istnieniu drugiego człowieka.

Nie, po niezaznaniu wzajemnego istnienia drugiego człowieka.

I dlatego bohater Beckettowski jest w żałobie po sobie samym. Jak tylu bohaterów romantyzmu, tylu młodych chłopców w żałobie, młodych dziewcząt w żałobie. Tylekroć w czarnym ubiorze, nie wiadomo po czyjej śmierci. Bo jeszcze przed raniącymi śmiertelnie zdarzeniami przedstawionymi w utworze. Jak bohaterowie, którzy umieją w słowach powiedzieć zaledwie tyle, i nader ciemno, co Wacław w *Marii* Malczewskiego:

> W tkliwej, smutnej [...] unosząc się nucie,
> To, co nikt nie wyraził – przywłaszczym uczucie.

Zgodnie z przekonaniem ludzkości, że treściom niewyrażalnym może dać jednak jakiś wyraz muzyka...

Głębokie ambiwalencje, związane z owym doświadczeniem, znajdujemy też w samych biografiach twórców.

Bo oto Musset, rozpaczający w poczuciu zamknięcia. Porównuje swoją egzystencję do życia w zapieczętowanej trumnie. Jaskinia zapieczętowana. I do życia więźnia oddzielonego od innych ludzi murami, o które rozbija się wszystko, co kierują do niego inni, podczas gdy on sam, wewnątrz tych murów, pozostaje niemy. Niema forteca. „Oto cała moja historia, życie przeszłe, życie przyszłe. Wiele zdołam dokazać, bardzo będę szczęśliwy, jeśli zabazgrzę ściany mojego lochu kiepskimi rymami!" Więc wiedział już – skoro mówi o murach, o które rozbija się wszystko, co kierują do niego inni – że wkrótce będzie zaciekle ucinał wyciągające się do niego ręce. Ręce, które, w łańcuchu niekończących się ambiwalencji, z równą siłą teraz do siebie przyciąga. Bo pisze to wszystko w liście do niej, do George Sand, do drugiego człowieka.

I oto rozpaczający Rilke, przeciwnie, szukający zamknięcia. Osiąga szczęście w wieży, w najrealniejszej wieży, w starej zamkowej wieży obronnej, otoczony obronnie jej grubymi murami (*prawdziwe schronienie, nareszcie bez wyjścia; mury, o które rozbija się wszystko, co kierują do niego inni*). Gdy tam zamknięty, zdoła przemówić po wieloletniej udręce poetyckiej niemoty, zdoła napisać w ścianach tego lochu swoje rymy, wyjdzie i będzie z zewnątrz gładził z wdzięcznością te mury. On również wiedział – najzupełniej jasno dowiedział się tego od siebie samego w pewnym momencie życia, jak mówi o tym wprost w listach – że ilekroć wyciągnęły się do niego czyjeś ręce, zaciekle je temu komuś ucinał, choć zarazem, w łańcuchu niekończących się ambiwalencji, z równą siłą je do siebie przyciągał. Ale nawet w tej wieży, gdzie wreszcie zdołał w pełni *opisać swoje pomieszczenie, odmalować je*, gdzie przez to zdołał osiągnąć dostępną mu pełnię poczucia własnego istnienia – bo pełnię samoświadomości, istniał *pod jej spojrzeniem*. Przesłał natychmiast wszystko, co napisał, wraz z opisem gładzenia murów, w liście do niej, do Lou Andreas-Salomé, do drugiego człowieka.

Musset, wciąż w tym samym liście do George Sand, pisze dalej: „Skoro nie zdołałem mówić przy pani, umrę niemy”.

Istnienie z kontr-wzajemnością
Krasiński i dzieciobójstwo

> Mów, że kuleję – stanę się kulawym,
> Przed twoim ciosem nie będę się bronił.
>
> Dla ciebie walkę wydam przeciw sobie,
> Jakże bo kochać to, co obce tobie?
>
> Szekspir, sonet (przekład J. S. Sity)

Lajos i Jokasta nie zabijają Edypa. Nie każą go też słudze zabić. Każą słudze porzucić go na pustkowiu z przekłutymi i spętanymi stopami. Znawca starożytności, Tadeusz Zieliński, wyjaśnia to zasadami archaicznej etyki formalnej (zewnętrznej), zgodnie z którą rodzice Edypa, zapewniając sobie śmierć dziecka, unikali jednak w ten sposób z m a z y, zmazy dzieciobójstwa, bo formalnie (zewnętrznie) śmierci mu nie zadawali. Przekłucie i spętanie Edypowi stóp uczony ten wyjaśnia chęcią zyskania przez jego rodziców tym większej pewności, że porzucony zginie.

Jednakże, skoro porzucane na pustkowiu dziecko było trzydniowym niemowlęciem, naddatek ten – gdyby o to właśnie chodziło, o śmierć fizyczną, zewnętrzną – wydaje się całkowicie zbyteczny. Zbyteczny z tego względu, więc zapewne jest on konieczny – czyli celowy – z innego. Tak niewątpliwie symboliczny szczegół – w całej tej głęboko symbolicznej przecież opowieści – jak to, że niemowlę zostaje wydane na śmierć po trzech dniach, skłania do symbolicznego rozumienia również owego towarzyszącego tamtemu aktowi, a zbytecznego na pozór naddatku. Czy okaleczenie i – na domiar – spętanie stóp (naddatek naddatku) porzucanemu na pustkowiu, trzydniowemu niemowlęciu nie jest uwyraźnionym przez te naddatki ('tu szukajcie!') obrazem zewnętrznym czegoś wewnętrznego, czegoś, co w dążeniu rodziców Edypa do tego, aby go zniszczyć, aby znieistniał, było może najistotniejsze?

„Niestety, moralność publiczną niezbyt jeszcze obchodzą psychiczne zniszczenia, jakie ludzie wyrządzają sobie i najbliższym", napisze Bruno Bettelheim w jednej ze swoich prac poświęconych psychicznym zniszczeniom wewnątrzludzkim i międzyludzkim. Nie potrzeba czynnie godzić na czyjeś życie, można wytworzyć czyjeś nieistnienie. Są psychiczne sposoby unicestwiania człowieka. Edyp ocalał w dzieciństwie, fizycznie, ale całe życie kulał, stąd przecież nawet jego imię, imię okaleczonego przez rodziców. I jeśli w końcowych scenach pierwszej tragedii Sofoklesa o Edypie, w scenach samozniszczenia, uwewnętrznia on, niczym obozowy *muzułmanin*, niszczycielskość tych, co niegdyś mieli nad nim wszechpotężną władzę:

niechże zginę z ich woli tam, gdzie miałem zginąć

– to czyni tak człowiek, który z i c h w o l i, z woli rodziców, przez całe dotychczasowe życie był dotknięty zniszczeniem, okaleczony.

Życie wewnętrzne Krasińskiego wydaje się bezustanną walką ze stanem *muzułmanizmu* w sobie. Nie popełnił samobójstwa. To znaczy nie popełnił go wprost. Całe życie ginął jak *muzułmanin*, bo dokonywało się w nim najgłębsze ludzkie samozniszczenie, jakim jest uwewnętrznienie cudzej woli – woli ojca – aby sam nie miał woli własnej. Nie aby po prostu zginął, fizycznie. Ale żeby zginęło w nim jego własne „ja". Aby znieistniało jego samostanowienie. Aby znieistniała jego podmiotowość.

Dokonywało się, ale zarazem nie dokonywało. I jeżeli ktokolwiek zdołał coś wyrazić w mowie słownej z jakości wewnętrznego bytu ludzkiego, w którym toczy się bezustanna walka życia osobowego ze śmiercią osobową – ze śmiercią osobową ucieleśnioną w istnieniu drugiego człowieka, zwróconym przeciw naszemu istnieniu osobowemu – to właśnie Krasiński. Był to męczennik, a zarazem geniusz. Geniusz wyrażania tego, co niewyrażalne. Niewyrażalnego nieszczęścia. Życia w żywej śmierci, jakim jest istnienie z kontr-wzajemnością.

A w każdym razie przesunął on granice niekomunikowalności tego nieszczęścia. Tak jak wspominany już przeze mnie współczesny nam odkrywca nieznanych dotąd warstw czy jakości bytu ludzkiego przesunął granice rozumienia tego, co w tym nieszczęściu niekomunikowalne. Choć i jedno, i drugie jest dla próbujących rozumieć z zewnątrz daremne.

O tym, że żyje w żywej śmierci, by użyć znanego nam już wyrażenia dziewczynki z instytucji psycholeczniczej Brunona Bettelheima, Krasiński bardzo wcześnie wiedział jasno. O tym, że brało się to z istnienia z kontr-wzajemnością, czy wiedział? Lub czy z czasem dowiedział się od siebie równie jasno? Wiedział w każdym razie ciemno. A to trzecie? Czy wiedział, że w swoim istnieniu uwewnętrznił cudze kontr-istnienie – zwrócone przeciw niemu istnienie ojca?

Było chyba w jego życiu podobnie jak w przedziwnym Norwidowskim obrazie bezustannego wsnuwania się w jedną tkającą się tkaninę wewnętrznego życia ludzkiego dwu różnych nici. Norwidowi chodzi w tym obrazie o nić jawy i nić tego, co nazywa snem, a czym w istocie są – na co wskazuje scena, w której w dramacie *Krakus* obraz ten pojawia się w słowach bohatera – głębokie, nieświadome, a wiedzące warstwy duchowe człowieka. Obraz ten, tak prekursorski wobec psychoanalitycznego rozumienia wnętrza człowieka, mógłby być również obrazem tego, jak w tkaninę wewnętrznego życia Krasińskiego – wewnętrznego, powtarzam – wsnuwało się bezustannie jego własne istnienie i kontr-istnienie drugiego człowieka. Tyle że te dwie nici były właśnie nie tylko różne; druga wsnuwała się w kierunku przeciwstawnym wobec pierwszej.

nikt nie baczy,
Iż w dziennym jawie senne przędziwa
Wsnute są, niby na krosnach tkaczy,
Lecz nić ich ciągnie się i nie zrywa,
Nad światło szybka i migotliwa –
Spostrzeże ją człek – a nie zobaczy!

Oto z jaką zapierającą dech wnikliwością Krasiński *spostrzegał* tę przeciwstawną, a wsnuwającą się w tkaninę jego własnego życia nić. Pojawienie się choroby oczu (która, jak wiemy, miała go odtąd dręczyć całe życie), wywołało taką jego uwagę: „Wolałbym nie wiedzieć jaką chorobę niż ten ból oczów, który mnie pozbawia jedynego działania umysłowego, które dotąd w mojej było mocy”.

Napisał te słowa w liście do ojca, w dniu swoich urodzin, w kilkanaście miesięcy po walce, jaka rozegrała się między nim a ojcem o pójście do powstania, o udział w walce z carem. W kilkanaście miesięcy po tym, jak ojciec, a raczej właśnie ojciec w nim, ojciec wzięty przez Krasińskiego w siebie, unicestwił – wprawdzie jeszcze nie jego działania umysłowe będące w jego mocy, wewnętrzne, ale będące w jego mocy działania zewnętrzne: gdy zgodnie z wolą ojca, a przeciw własnej, nie poszedł do powstania.

Krasiński momentalnie, jednym rzutem myśli w głąb, *spostrzega*. J e d y n e g o... u m y s ł o w e g o... w m o j e j b y ł o m o c y. I jeszcze to słówko: d o t ą d!

A więc nic innego, dotąd, czyli przez całe dwadzieścia lat jego życia, nie było w jego mocy; wszystko – poza tym jedynym – było w mocy c u d z e j. W mocy cudzej, która wmieściła mu się w jego „ja”, wypchnąwszy jego własną podmiotowość. A więc już przez pierwszych dwadzieścia lat swego życia – a nie dopiero potem, w sytuacji jawnego konfliktu z ojcem i dalszych jawnych konfliktów, Krasiński czuł się wywłaszczony z własnego podmiotowego „ja”.

Wkrótce, w trzy miesiące później, napisze też do ojca: „Od półtora roku już [tj. właśnie od sprawy o pójście do powstania – D. D.], wciąż jestem słaby to na to, to na owo; im bardziej wzrastam w lata, tym bardziej widzę, żem podobnego układu do Papy, to jest, że umysłowe kłopoty wnet na ciało moje wpływają". U m y- s ł o w e k ł o p o t y.

I to *spostrzeganie* dokonywać się będzie nieustannie przez całe życie. Wybieram jedno ze *spostrzeżeń* niezliczonych (z 1848 roku, w liście do Delfiny Potockiej): „Chory jestem ogromnie. Coraz słabiej mi na mózg i na nogi, i na oczy – częstych napadów oczowych doznaję. Wszystko to z wstrząśnienia duchowego i z troski wiecznej, każdochwilnej". Zapamiętajmy to słowo, *każdochwilnej*. Co jest równoważne temu, że *wiecznej*.

A więc *spostrzegał*. A czy *zobaczył*? Czy *zobaczył*, że to cudza wola, wola ojca, aby nie miał żadnej woli własnej, aby n i c nie było w jego mocy, została w tej chorobie oczu – i w innych chorobach dręczących go zawzięcie i okrutnie przez całe życie – wzięta przez niego w siebie, uwewnętrzniona? Czy *zobaczył*, że wola ojca, kontr-wola, unicestwiająca dotąd jego działania zewnętrzne, wdarła mu się teraz jeszcze do wnętrza, do samego ośrodka jego „ja", do całej jego psychocielesności, jako siła niszcząca? Przemieniając się w siłę samoniszczącą?

Kontr-wola ojca, który zarazem zapisywał wtedy modlitewnie w swoim notatniku podręcznym, a więc chyba w największej możliwej dla niego intymności, w najszczerszym możliwym dla niego sam na sam ze sobą: „Co się z mym synem dzieje? dawno już listu nie miałem. Boże! zachowaj go, a mnie weź. Panie! błogosław go! Święta Mario, okryj go płaszczem Twej opieki, dotknij siłą Twej korony, a przeszyj promieniem Twego światła!"

„Zachowaj go, a mnie weź". Ale przez całe życie postępował odwrotnie: unicestwiał go, rozprzestrzeniając siebie, niszczył jego istnienie, aby rozwielmożnić swoje.

A co się z jego synem działo? „Przy słońcu w dzień, przy dwóch świecach w wieczór, czytam i piszę. To jest moje życie" – pisał Zygmunt ojcu parę miesięcy przed początkiem choroby oczu, a już po sprawie między nim a ojcem o pójście do powstania, odpowiadając ojcu na pytanie, co się z nim dzieje. Do takiego w ł a s n e g o życia wycofał się po klęsce własnego „ja" w starciu z ojcem o pójście do powstania. Tyle mu z w ł a s n e g o życia po tej klęsce własnego „ja" pozostało, to więc pozostało teraz jeszcze do zniszczenia kontr-istnieniu ojca. Taka była ślepa siła tego niszczenia, niszczenia wszystkiego, co w synu było jego własne, samostanowiące, podmiotowe. „Boże! zachowaj go, a mnie weź"...

„Nie ma tragedyj okropniejszych nad te, co się odbywają koło ognisk domowych", napisze Krasiński w parę lat później do przyjaciela.

W chorobie oczu chodziło chyba jednak Krasińskiemu zarazem o coś innego. Jak we wszelkich sprawach wewnętrznych najgłębszych, chodziło chyba zarazem o coś dokładnie przeciwnego. „Gdy oczy mam zamknięte, świat staje się moim. W tej wielkiej ciemności przyzwyczaiłem się wywoływać postaci, od którychem oderwany. Wewnątrz siebie żyję, spodziewam się lub męczę, lodowacieję lub goreję, rad, że otaczający mają mnie za uspokojonego, cichego, może usypiającego. Tymczasem płyną przede mną cienie". Tak napisze Krasiński w siedem lat później o sobie – o swoim u m y ś l n y m tym razem zamykaniu oczu przy słuchaniu muzyki podczas wizyt w salonach – w liście do Delfiny Potockiej (ją też mając na myśli, mówiąc o postaciach, od których jest oderwany). Pewnie coś podobnego mogłaby powiedzieć o sobie (gdyby umiała to powiedzieć w słowach) Marcia, znana nam z Bettelheimowskiej historii przypadku dziewczynka autystyczna, stale zamykająca oczy i zatykająca sobie stale obiema rękami uszy. Jej chodziło o to, aby nie widzieć i nie słyszeć. Krasińskiemu przede wszystkim o to, aby nie widzieć. Czego Krasiński (oczywiście jedna z części czy instancji jego „ja") nie chciał (nie chciała) widzieć? Czego Krasiński nie chciał *zobaczyć*?

Edyp, gdy po samoniszczycielskim pozbawieniu się możności widzenia pragnął jeszcze pozbawić się możności słyszenia –

i wszelkiej możności doznawania czegokolwiek, gdy pragnął zamienić się w pustą fortecę, znaleźć się na pustkowiu Kitajronu i zamienić się w pustkowie Kitajronu, mówił:

> gdyby można było [jeszcze] słuchu
> wrota zamknąć, otoczyłbym nieszczęsne ciało
> głuchym murem milczenia, aby nic nie widzieć
> i nic nie słyszeć więcej... Byłoby mi dobrze
> w tej pustce, poza kresem zbrodni i rozpaczy.

Taki wyraz znalazło nieszczęście pierworodne w starożytnym, posągowym dramacie greckim. W nowożytnym dramacie osobistym, ucodziennionym, uprywatnionym, wyrazić się ono może tak jak choćby w *Modlitwie w chwili zwątpienia*, napisanej przez Krasińskiego w parę lat po sprawie między nim a ojcem o pójście do powstania, w 1837 roku (w modlitwie do Boga, ale poczętej przy drugim człowieku, dla drugiego człowieka, w doświadczeniu więzi z drugim człowiekiem, bo dla Joanny Bobrowej):

> Coraz ciemniej wokoło mnie.
> Zmierzch jakiś nieskończony otoczył mnie.
> [...]
> Z miejsca ruszyć się nie mogę. – Leżę godziny całe, a w sercu moim coraz głębsza pustynia.
> [...]
> Czoło wciskam w wezgłowie, by nic nie widzieć, nic nie słyszeć, a nie mogę zapomnieć.

To jest wciąż to samo pustkowie Kitajronu.

A oto, na parę dni przed najbardziej dramatycznym listem do ojca w sprawie o pójście do powstania – najbardziej dramatycznym, bo zdobył się w nim Krasiński na wolę własną, aby, wbrew kontr-woli ojca, pójść do powstania, ale zarazem, w późniejszym o jeden dzień dopisku, sam, samoniszczycielsko, wolę własną unicestwił (i nie poszedł do powstania) – a więc na parę dni przed tym tragicznym listem do ojca, w napisanym po francusku *Marzeniu człowieka przeżytego*, pojawia się taki obraz, przedstawiony w imieniu bohatera:

Stałem się własnym swym grobem i nie mogłem umrzeć.[1]

To już wtedy było tym samym pustkowiem Kitajronu. A owe słowa to tylko jeden z niezliczonych u Krasińskiego obrazów niewypowiadalnego w ludzkim języku doświadczenia życia w żywej śmierci, w śmierci wewnętrznej, w śmierci uwewnętrznionej.

Ocalała część listów Krasińskiego do ojca, urywająca się trafem losu właśnie w kilkanaście miesięcy po sprawie między nim a ojcem o pójście do powstania, kończy się niezwykle dramatycznie, jakby nawet traf losu chciał uwyraźnić światu narastający do kulminacyjnego momentu prolog mającej trwać całe życie, wieloaktowej, a zawsze jednej i tej samej tragedii.

Choć skądinąd wszystko każe wątpić, czy to rzeczywiście był dopiero prolog, bo tragedia Krasińskiego rozpoczęła się chyba wraz z jego narodzinami, a może nawet wraz z poczęciem.

Im bliżej chwili widzenia się z ojcem wzywającym teraz Krasińskiego z zagranicy do popowstaniowej Polski, tym ciężej zapada on na oczy. Chociaż zarazem przeciwnie, jeździ w drodze powrotnej do Polski po Europie, by uzyskać pomoc sław lekarskich. I czy z a r a z e m nie po to, aby („Radbym jak najszybciej się wyleczyć i ujrzeć Papę" – w ostatnim zachowanym liście do ojca) p r z e c i w n i e (jeszcze raz przeciwnie, w niekończącym się łańcuchu wewnętrznych ambiwalencji), odwlec moment zobaczenia ojca? I przez samo przedłużanie w ten sposób drogi powrotnej, i przez brak postępów w leczeniu?

Minie siedem lat i głęboką ambiwalencję wyrażającą się u Krasińskiego w chorobie oczu mogą potwierdzić choćby te jego słowa w liście do Delfiny Potockiej: „Mam takie napady melancholii, że przez okno mógłbym się wyrzucić. Jakieś osłabienia

[1] Cytowane przekłady polskie utworów Krasińskiego napisanych po francusku są pióra Leopolda Staffa.

takie cielesne i umysłowe mnie nicestwią, że do światła słonecznego niesłychanych wstrętów nabieram".

W chorobie oczu niemogących znieść światła słonecznego ani nawet, jak pisze kiedy indziej, światła świec Krasiński pragnął ocalać się – i zarazem przeciwnie, pragnął ginąć. Pragnął – cofając się jeszcze głębiej w swoje wnętrze – ocalać swoją autonomię i podmiotowość wobec nicestwiącego jego autonomię i podmiotowość cudzego kontr-istnienia, ocalać swoje własne istnienie, swoje własne „ja" – i zarazem pragnął swoją autonomię i podmiotowość, swoje własne istnienie, własne „ja" nicestwić, uwewnętrzniając owo cudze nicestwienie. Pragnął i kontr-pragnął. Raz jedno pragnienie, raz pragnienie przeciwstawne okazywało nieznaczną lub krótkotrwałą przewagę. Ale zawsze snucie jednej nici i kontr-wsnuwanie się drugiej targało – nie tylko tkaninę życia, ale już samą możność tkania tkaniny życia. Wytwarzając taką właśnie targającą dwoiście, przeciwstawnie, strukturę wewnętrzną, taki właśnie wzór uogólniony, który kształtował każdą drobinę, każdy ścieg jego życia, przekształcając tę drobinę w dwój-drobinę znoszącą się od wewnątrz wzajemnie, każdy ścieg w dwój-ścieg wewnętrznie przeciwstawny, znoszący się od wewnątrz wzajemnie. Wytwarzając taką strukturę *każdochwilną*, wzór *każdochwilny*, jak to opisuje Krasiński choćby w liście do Słowackiego w 1842 roku: „Odkąd pisałem o Regencie do Ciebie, życie moje jedną było godziną: lało się, płynęło, buchało, coś przemieniało się we mnie, czułem w sobie coraz głębszą głąb, coraz jasnowidniejszy ton i garściami błękitu z tej przepaści mógłbym był rzucać w świat; ale to tragicznem w moich losach, że ile razy duchem sięgnę w górę, grom z tej góry spada na ciało moje, i *farewell king*! Trudno mi pisać, bardzo, bardzo: za każdym słowem koło serca mdło, jakby włos każden stał się ostrzem rosnącym w głąb i przenikającym aż na drugą stronę mózgu".

To jest właśnie ta struktura, ten wzór: „ile razy duchem sięgnę w górę, grom z tej góry spada na ciało moje". Istnienie i kontr-

-istnienie. Istnienie i grom uwewnętrznionego cudzego kontr-istnienia, obracającego istnienie własne w nicość, doprowadzające do jego zatraty. Życie własne i grom cudzowłasnego uśmiercania własnego życia. Życie w żywej śmierci. Jak napisze Krasiński w 1847 roku do Cieszkowskiego (a znów jest to jedna z formuł wielu): „zawsze to samo: walka na zabój z nicością własną, pasowanie się na śmierć ze śmiercią!" W poczuciu nieuchronności klęski – i zarazem, przeciwnie, niemożności poddania się, jak swoją chroniczną sytuację wewnętrzną z ojcem przedstawia w innym liście do Cieszkowskiego, z Nicei, z tego samego 1847 roku:

> Mój drogi! Niezawodnieś zgadł. Mnie od kilku dni lepiej. Dziwne to między nami krążenie ducha. Ale wierz mi, mnie diabli wezmą, a Ty zostaniesz, wierz mi. Bo mam na świecie do roboty z potęgami, które mnie gubią, a którym tylko mogę ręce i stopy całować, bo mnie gubią z dziwną naiwnością, z dziwnym wiecznym błogosławieństwem, kładzionym mi na głowę i to najszczerzej. Jedno z dwojga: musiałbym albo siebie samego się wyrzec, tj. tego, czego się nigdy nie wolno człowiekowi wyrzec, dopóki jest – albo walczyć okrutnie. Że zaś i to drugie byłoby wyrzec się siebie, tj. serca, rozumu zaś także skądinąd niepodobna, więc drogi, chyba mnie Bóg zbawi! Ja rzadko o tym mówię, ale głęboko czuję. W każdym liście, co odbieram od Ojca, tylko skargi na samotność, i prawda, on samotny! nie ma co mówić, samotny! i wiecznie spodziewający się, że wreszcie zadzwoni godzina rozsądku, to jest że żywy duch przystanie na śmierć swoją!

I dodawał: „Smutne to wszystko koleje w piekle na ziemi!"

Nie przystał nigdy. Ale w późniejszym o dwa lata liście do Cieszkowskiego, w 1849 roku, pisał: „zresztą nikt mi już nie zabierze nic ważnego na świecie, bom sam postradał siebie".

„Nieszczęśliwy jestem; dawniej to mówiłem przez romantyzm, dziś niestety rzeczywistością to się stało" – pisze Krasiński do ojca w tragicznym liście z 11 lipca 1831 roku, w którym próbował walczyć – w walce z ojcem i zarazem z sobą samym, z ojcem w sobie – o pójście do powstania. Wątpię, czy istotnie dawniej mówił to przez romantyzm – jak sądzą także komentatorzy jego życia i wczesnej twórczości, dopatrujący się w niej jedynie konwencji, mody literackiej, stylu, pozy; choć zgodna jestem z nimi w ocenie wartości literackiej tej wczesnej twórczości. „Związane mam ręce, mało energii w duszy, słabieję co dzień gorzej na umyśle. Kocham, o, kocham mego Ojca i z założonymi rękoma stoję daleko od Polski. Jednak niech Papa się zmiłuje! czy nie jest to obowiązkiem moim być tam i czynić, jak inni czynią?"

To z powodu tej sprawy między nim a ojcem o pójście do powstania Krasiński ma być teraz dopiero rzeczywiście nieszczęśliwy; przedtem mówił to tylko przez romantyzm.

Ale niemal jednocześnie, bo ledwo w miesiąc później, pisze do ojca: „ toż i ja zestarzałem się od boleści, bo w utrapieniach często powtarzanych więcej jest starości niż w latach wielu". W utrapieniach często powtarzanych. Ma zaledwie dziewiętnaście lat, a zestarzał się od tych utrapień. W to nie wątpię. Musiały być nie tylko często powtarzane. Musiały być *każdochwilne*.

To przecież więcej niż nieprawdopodobne, by istnienie ojca – jego kontr-istnienie – zaczęło się dla istnienia syna dopiero w momencie sprawy między nimi o pójście do powstania. (Osobowość ojca Krasiński kiedyś, później, w liście do Delfiny Potockiej, porówna pośrednio a jednoznacznie z osobowością cara, i to cara nad carami, Iwana Groźnego.) To więcej niż nieprawdopodobne, by zaczęło się w momencie sprawy publicznej, czy mówiąc przytaczanymi już słowami Brunona Bettelheima, obchodzącej moralność publiczną. Nawet jeśli założyć, że wcześniejsza między ojcem a synem publiczna sprawa warszawska o pójście Krasińskiego-studenta na bojkotowany przez wszystkich studentów wykład uniwersytecki nie była sprawą, w której wchodził w grę konflikt między chceniem a kontr-chceniem.

I co miałaby znaczyć wzmianka Krasińskiego, w tym samym tragicznym liście do ojca, o fałszywym charakterze w dzieciństwie? „Nie narzekam na Boga, znoszę karę za moją miłość własną bez granic, za dumę, za fałszywy charakter w dzieciństwie, za moje grzechy, ale muszę przyznać, że nie mam dosyć hartu duszy, by długo znosić takową karę".

I wyraźniej jeszcze, co miałaby znaczyć wzmianka, wciąż w tym samym tragicznym liście, o zwodzeniu ojca w dzieciństwie? W takim kontekście, że teraz, gdy już nie jest dzieckiem, już ojca nie zwodzi, kocha go naprawdę i pragnie naprawdę postępować tak, jak ojciec sobie życzy, ale w sprawie o pójście do powstania naprawdę nie może? „Papa wie, jak Go kocham. Spodziewam się, że zna mnie dobrze i że poznał może, iż w dziewiętnastu leciech nie jestem już tym samym co dawniej, kiedym Go zwodził w Opinogórze".

A jeszcze, na domiar wszystkiego, w swoich wczesnych latach Krasiński wzrastał przy nadzwyczaj – według zgodnych świadectw pamiętnikarzy – autorytarnej babce. „Robię, co tylko mogę, by jej usłużyć i nie gniewać na siebie"... Osoba babki, jej gniewy – to też zapewne były powody boleści i utrapień często powtarzanych. A choroba matki? Cierpiącej, jak uznawali owocześni, na ciężką melancholię? W każdym razie, sądząc ze znanych nam relacji, wycofanej z istnienia (kto wie, czy nie w obronie przed również ją samą unicestwiającym istnieniem męża), niezdolnej zatem do podtrzymania w psychicznym istnieniu syna. Ten więc już za jej życia mógł czuć się przez nią opuszczony. Wkrótce umarła, co dla niego, zgodnie z dziecięcym, choć na ogół nieświadomym sposobem myślenia i przeżywania, mogło stanowić potwierdzenie, że nie był dla niej nigdy ważny, a teraz ostatecznie go odrzuciła. Tym bardziej rosła emocjonalna wszechpotęga ojca, chcącego zniweczyć własne, autentyczne „ja" syna, wmieszczając w nie siebie samego. Krasiński jako jedynego d o b r e g o człowieka swojego dzieciństwa będzie wspominał – do czego jeszcze wrócę – osobę obcą, panią de la Haye, swoją bonę[2].

Krasiński był chyba nieszczęśliwy tą odmianą nieszczęścia pierworodnego, jakim jest istnienie z kontr-wzajemnością, nie tylko już dawniej, ale od pradawna. I kiedy w piętnaście lat po swoim tragicznym liście do ojca napisze do jednego z przyjaciół: „Jestem jakby bez ciała myśl nieszczęśliwa o absolutnym nieszczęściu", będzie to tylko najskrajniej – bo aż do niepoznaki – abstrakcyjna formuła, w której spróbuje, raz jeszcze, nie pierwszy raz i nie ostatni, przekazać nieprzekazywalne doświadczenie tego właśnie, z ciała i krwi nieszczęścia.

Z ciała i krwi w najdosłowniejszym sensie tych słów, bo krew Krasińskiego, krew rzeczywista, a nie tylko symboliczna – choć była ona właśnie w swojej najbardziej realnej rzeczywistości zarazem symboliczna, zarazem znaczyła, zarazem stanowiła wypowiedź – lała się z ciała jego w miarę narastania lat życia całymi strumieniami, w straszliwych krwotokach z ust i z odbytu. Wystarczy choćby przypomnieć – tym, którzy znają korespondencję Krasińskiego – jak wracając kiedyś do domu (bodaj w Rzymie), jeszcze prawie na ulicy, z największym wysiłkiem docierając do sieni, obryzgał krwotokiem z ust ściany, tak że nazajutrz wkroczyła w sprawę policja, sądząc, że to ślady zbrodni. Dobrze sądziła, to były rzeczywiście ślady zbrodni. Zbrodni, której ofiarą był *każdochwilnie* ten, co swoją krwią obryzgał te ściany.

I wystarczy przypomnieć jeden z niezliczonych opisów udręk ciała – bo udręk *myśli nieszczęśliwej* – prześladujących Krasińskiego przez całe życie, w liście do Delfiny Potockiej, z Warszawy, w 1843 roku: „Osłabienie straszne mną ogarnęło i po całym

[2] Przypomina się ocalająca w dzieciństwie rola piastunki Chateaubrianda, a u nas – guwernantki Zofii Szymanowskiej-Lenartowiczowej (jak wynika z zachowanej części *Pamiętnika* Zofii Szymanowskiej, guwernantka owa najdosłowniej uratowała jej życie psychiczne) czy pierwszej guwernantki Elizy Orzeszkowej.

ciele boleści newralgiczne wszelkiego kształtu, w palcu wielkim u nogi takie wczoraj przez pół godziny mnie napadły w wieczór, żem skakał zrazu jak szalony, a potem padłem na podłogę i krzyczałem, lecz to wszystko niczym, niczym przy bolu głuchym, wiecznym, który mi ducha trawi i z wolna rozkłada". I zaraz w następnym zdaniu: „Wczoraj, gdym się położył, a świecę postawił w kątku i miał przed oczyma – leżąc – tę całą, wielką jaskinię moją ciemną i ponurą, zacząłem wyrywać się ku Tobie i rzewnie płakać; wzywałem Konstantego [zmarłego najbliższego przyjaciela – D. D.] – nadaremno, nic w przestrzeni się nie pokazało. Ale gdym oczy przymknął, między źrenicą a powieką powstawać zaczęła przestrzeni nieskończoność i ten bezmiar zaludnił się, ożywił, ubrał, ukolorytował we wszystkie miejsca, kędy kiedykolwiek bywaliśmy razem".

Już w tym samym 1831 roku, zaledwie w kilka tygodni po tragicznym liście do ojca w sprawie między nimi o pójście do powstania, zaledwie w kilka tygodni po tej siłą rzeczy upublicznionej klęsce własnego „ja", własnej podmiotowości, własnego stanowienia o sobie, Krasiński pisze: „toż i mnie wszystko opuściło, bo przeszłość już przeszła, a przyszłości żadnej nie upatruję; [...] ile mogę, staram się hartować duszę przeciw temu, co ma nadejść, bo myślę, że coraz gorzej będzie. Ja to nazywam przeznaczeniem. Czyli że u mnie wola innych ludzi i okoliczności zowie się przeznaczeniem. Jest to Fatum starożytne, okrutne, niczym nieodwrócone w swojej zawziętości, ale [...]".

Co za dech zapierające w piersiach s p o s t r z e g a n i e! I te słowa: „wola innych ludzi" pisze Krasiński właśnie do tych *innych ludzi*, bo pisze to do ojca. Do ojca, któremu mówi tu przez to, co mówi o nim jako o Fatum, że jest okrutny i niczym nieodwrócony w swojej zawziętości. Czy Krasiński z o b a c z y ł, co ojcu o nim napisał? I czy – co właśnie jeszcze ważniejsze – z o b a c z y ł wtedy, pisząc to, co pisał, że uwewnętrznił tę fatalną kontr-nić swojego istnienia? Czy jednak tylko to s p o s t r z e g a ł? Zwłaszcza skoro pisze dalej: „ale góruje nad tym Opatrzność Boska, która czasem łamie i kruszy to Fatum, która w tym świecie niekiedy, a w tamtym zawsze oblewa promieńmi chwały i nieśmiertelności".

Przecież w tych słowach, pisanych w liście do ojca, wzywa Opatrzności Boskiej, aby złamała i skruszyła okrucieństwo i zawziętość ojca! A jego, syna, oblała promieńmi chwały i nieśmiertelności. Czyli zbawiła.

Zbawiła od okrucieństwa i zawziętości ojca.

Zbawienie, zbawienie wieczne, byłoby w odczuciu Krasińskiego możliwe dla niego tylko wtedy, gdyby Opatrzność Boska uwolniła go od okrucieństwa i zawziętości ojca.

Tak, gdy się w to wmyślić, wmyślić naprawdę głęboko, to jest w tym matematyczna wręcz prawda o duszy ludzkiej. Krasiński ma dogłębną rację, rację sięgającą ludzkiego, międzyludzkiego dna. Dna tej warstwy bytu ludzkiego, międzyludzkiego, w której się to wszystko dzieje.

Bo gdyby Opatrzność Boska uwolniła go od okrucieństwa i zawziętości ojca, wtedy on sam, Krasiński, zostałby uwolniony od okrucieństwa zwrotnego i zawziętości zwrotnej, pojawiających się w nim matematycznie wówczas, ilekroć staje się przedmiotem okrucieństwa i zawziętości ojca. Matematycznie, w sensie: bo tak skonstruowana jest nie natura ludzka, ale ta warstwa natury ludzkiej, warstwa bytu ludzkiego, międzyludzkiego, w której odbywa się to, co odbywa się w każdym człowieku, gdy staje się przedmiotem okrucieństwa i zawziętości drugiego człowieka. I matematycznie, to znaczy niezależnie od woli Krasińskiego i jego wiedzy. A raczej właśnie *przeciw* jego *wolnej* woli i *przeciw* jego *świadomej* wiedzy; przemożnie i nieświadomie.

Odkrycie tej warstwy bytu i tego, co dzieje się w niej, jakie rządzą w niej szczególne psychiczne prawa, to jedno z najważniejszych odkryć dotyczących człowieka, dokonane w nauce wraz z przełomem psychoanalitycznym w rozumieniu ludzkiej rzeczywistości wewnętrznej. A oto jak prekursorsko, w obrazach poetyckich – zgodnie z powiedzeniem Freuda, że „trudno psychoanalitykowi odkryć coś nowego, czego przed nim nie przeczuwałby poeta" – zbliża się do tych poznawczych dokonań Krasiński w *Modlitwie w chwili zwątpienia*:

Strach mnie ogarnia, o Panie!
Coraz ciemniej wokoło mnie.
Zmierzch jakiś nieskończony otoczył mnie.
[...]
Zda mi się czasem, że jako mgła rozpływają się kształty moje.
[...]
I że to, co czuło we mnie, dziko hasać zaczyna. – Gdzież ja się wtedy podziewam, o Panie?

Wsłuchajmy się w tę modlitwę, a rozpoznamy, jakie kryje się w niej szczególne rozumienie duszy ludzkiej. Istnieje w człowieku jakieś wewnętrzne *to* – i jakieś wewnętrzne *ja*. Wewnętrzne *ja* może tracić władzę nad wewnętrznym *tym*. W tej chwili *to* dziko hasać zaczyna, bo *ja*, mające nad *tym* sprawować kontrolę, w tej chwili nic nie może. *Ja*, które jest władzą wewnętrzną, rządem wewnętrznym, podmiotowością i wewnętrzną autonomią, w tej chwili zmierzchło, zatraciło się, zaniknęło.

Krasiński odkrywa tu współistniejące, ale też mogące się sobie przeciwstawiać siły wewnętrzne czy wewnętrzne instancje, które w wiele lat później, po żmudnych, metodycznych dociekaniach, przeprowadzanych we wspomnianej, zupełnie nowej dziedzinie badań nad człowiekiem, zostaną nie tylko podobnie w człowieku wyodrębnione, ale nawet tak samo nazwane: *das Es*, *to* i *das Ich*, *ja*[3]. I ten, kto modli się tutaj, modli się o to

[3] Warto pamiętać, że łacińskie terminy *id* i *ego* (a także *super-ego*), które pojawiły się w powojennych przekładach prac Freuda na język polski i funkcjonują u nas, w świadomości powszechnej jako terminy Freudowskie, nie pochodzą od Freuda, ale zostały wprowadzone, wbrew duchowi oryginału, przez tłumaczy angielskich. Freud, tworząc swoją terminologię psychoanalityczną, posłużył się potocznymi słowami języka niemieckiego.

samo, co zawierać się będzie w słynnym powiedzeniu Freuda: „Gdzie było *to*, winno znaleźć się *ja*", tylko zwątpił, czy będzie to jeszcze dla niego kiedykolwiek możliwe. Jeśli nie wda się w tę tragedię Opatrzność Boska...

Gdyby Opatrzność Boska uwolniła Krasińskiego od okrucieństwa i zawziętości ojca, wówczas zostałby on zarazem uwolniony od swojego okrucieństwa zwrotnego i swojej zawziętości zwrotnej, których Krasiński właśnie wcale w sobie nie chce, bo nie są w jego odczuciu jego własne, choć pojawiają się w nim, jak gdyby były jego własne, skoro pojawiają się w n i m! To okrucieństwo zwrotne i ta zawziętość zwrotna nie są jego własne, nie pochodzą z niego samego, nie zrodziły się z niego samego, nie są mu przyrodzone. Są pochodną okrucieństwa i zawziętości ojca, zrodziły się z okrucieństwa i zawziętości ojca; samemu Krasińskiego są kontr-przyrodzone.

Uwolniony od tego, co mu kontr-przyrodzone, obce, co nie jego własne, Krasiński mógłby powrócić do siebie, do siebie autentycznego, podmiotowego, do siebie samostanowiącego o sobie. Ale nie tylko samostanowiącego o sobie w swoich działaniach zewnętrznych, jak pójście czy niepójście do powstania. Mógłby wtedy powrócić do siebie samostanowiącego o sobie również i nade wszystko w swoim własnym wnętrzu. Przecież osiągnięcie w sobie czegoś takiego to właśnie zbawienie. Zbawienie to zyskanie najpełniejszej możliwej podmiotowości wewnętrznej. Piekło, w które wtrącało Krasińskiego okrucieństwo i zawziętość ojca, piekło, w które wtrącało go wyzbywające go jego własnego istnienia kontr-istnienie ojca, to było prawdziwe piekło, bo piekło uprzedmiotowienia. Ale nie tylko takiego uprzedmiotowienia, które sprawiło, że Krasiński nie poszedł do powstania. To było piekło uprzedmiotowienia wewnętrznego. Piekło wyzucia z podmiotowości we własnej rzeczywistości wewnętrznej, a nie tylko w czynach zewnętrznych. To było podobne piekło uwewnętrznienia cudzego uprzedmiotowienia, uwewnętrznienia śmierci zadawanej przez jednego człowieka podmiotowości drugiego człowieka – piekło za życia – jakie w obozie koncentracyjnym miało stawać się udziałem istoty ludzkiej w stanie *muzułmanizmu*.

I dlatego, że żył w takim piekle, Krasiński, wbrew wierze wyrażonej jawnie w przytoczonym, młodzieńczym jeszcze liście do ojca, miał później jawnie nawet dawać wyraz zwątpieniu w możliwość swojego zbawienia. Żył w piekle za życia, toteż poznał – przez to doświadczenie przeciwstawne zbawieniu – najgłębszą, bo z własnego ciała i krwi, a nie z jakichkolwiek słów, prawdę o tym, czym jest zbawienie, choć poznał ją negatywnie. Poznał to całym sobą, a nie z jakichkolwiek słów, bo w swym nieszczęściu pierworodnym siłą doświadczonego cierpienia dotarł do ludzkiego, międzyludzkiego dna. Poniżej tego dna rozpościerają się już tylko mroki, w których giną dna głębsze nieskończenie.

Tak więc w tym młodzieńczym liście Krasińskiego do ojca, w tych paru zdaniach napisanych po klęsce w starciu z ojcem o pójście do powstania, w paru zdaniach, w których Krasiński uznaje wolę innych ludzi oraz okoliczności za swoje przeznaczenie i zarazem wzywa Opatrzności Boskiej na pomoc przeciwko temu przeznaczeniu, jest już wszystko. Jest cała tragedia rozgrywająca się w duszy tego człowieka, cała prawda jego serca, wypowiedziana drugiemu człowiekowi z głębi serca.

Miej serce i patrzaj w serce, powiedział ktoś – wiemy kto – pisząc wiersz.

„Tak mnie M. osądził, jakby Bóg mnie osądził, gdyby Bóg był bez serca", napisał Krasiński w 1847 roku, gdy dowiedział się, jaki sąd wydał o nim autor tego wiersza. Sąd był taki, że brak energii Krasińskiego gubi, że o trzy kroki zaraz się będzie strzelał, ale całej prawdy swej duszy w oczy nie będzie miał odwagi powiedzieć drugiemu (ten „drugi" to oczywiście ojciec) ani bez paszportu i lokaja przedzierać się przez wielkie przestrzenie geograficzne (co odnosi się do tego, że Krasiński nie przystąpił do powstania).

W liście do najbliższego sobie wówczas człowieka, do Delfiny Potockiej, Krasiński tyle tylko mógł wypowiedzieć z siebie na ten sąd:

> Tak mnie M. osądził, jakby Bóg mnie osądził, gdyby Bóg był bez serca. Prawdę bezwzględną wyrzekł o mnie, kiedy każda ludzka istota mnóstwem otoczona i skrępowana względów. Energii, prawda, nigdy nie miałem do rozdeptywania serc ludzkich – on pamięta mnie w czasach takowej bezenergii, pamięta, żem nie pojechał do powstania, więc ma prawo sądu nade mną i używa go, a jednak wiem głęboko, że on mnie kocha. [...]
>
> Komuż to ja miałem stawać przed oczyma z całą prawdą duszy mojej, komuż? A jednak właśnie w tych ps. [*Psalmach przyszłości*] stanąłem z ową prawdą i przed oczyma wielu wściekłym i zażartym! Tym zaś, którym wdzięczność winienem, tym, którzy mnie kochali, z prawdą taką, co by gromem im była, prawda, nie mogłem – i w tym losów moich cały fałsz, ale zarazem i cała niewinność mej duszy!

Tyle tylko zdołał Krasiński wypowiedzieć z siebie na swoją obronę w liście do najbliższego człowieka. W nieszczęściu swoim dając prawo sądu nad sobą komuś, kto miał tę smutną przewagę nad nim, że nie potrzebował lokaja i paszportu do przedzierania się przez wielkie przestrzenie geograficzne, ale też się przez nie nie przedarł: też nie przystąpił do powstania.

A na domiar, pisał kiedyś: *By mnie sądzić, nie ze mną trzeba być, lecz we mnie.*

Krasiński tyle tylko zdołał wypowiedzieć wtedy z siebie na swoją obronę – i tyle też tylko zdołał w tym samym liście do najbliższego człowieka, w 1847 roku, wypowiedzieć z siebie o sobie: „ja czujący, że umieram", „ja ruina!", „tylko sypkie prochy jakieś [przewracający] w głębi duszy swojej!"

W tamtym liście, z roku 1831, w liście młodego Krasińskiego do ojca, w sprawie dotyczącej powstania, w tych kilku przytoczonych przeze mnie zdaniach, było już wszystko, i rzeczywiście, tak jak w nim przewidywał, w przyszłości miało być coraz gorzej.

„Nie możesz sobie wyobrazić, [...] jak czuję, że zabijam mojego ojca i jak nawzajem sam zabijany jestem”, napisze do przyjaciela w 1838 roku. Ojciec wtedy, nie mogąc wymóc na synu całkowitego zerwania z Joanną Bobrową, wymógł je na niej.

„[...] kiedy co chwila ci, którzy są ze mną, nóż mi w serce wpychają, przysięgam ci, że wszelkie drgnienie życia we mnie ustaje, ot, jak wypalone drzewo leżę i gniję”. To w rok później, już do Delfiny Potockiej. Jeden z niezliczonych u Krasińskiego obrazów wewnętrznych stanu *muzułmanizmu.*

„Pęta mam na nogach, na ręku, na mózgu, na ustach”. To do Delfiny Potockiej w osiem lat później. Kontr-istnienie ojca wcieliło się już wtedy w jego, Krasińskiego małżeństwo. „Zabity bywam i zabijam, ilekroć z tą panną jestem – smutno mi zabijać, nieznośnie mi być zabitym” – to w 1843 roku, z Opinogóry, w pierwszym okresie małżeństwa, gdy Krasiński i żona, „ta panna”, mieszkali pod dwoma osobnymi dachami.

I gdy kontr-istnienie ojca wcieliło się w jego, Krasińskiego, dzieci. Zaczęły bowiem przychodzić na świat, gdy ojciec Krasińskiego, popełniwszy na synu gwałt sakramentalny, wymuszając na nim, by stanął z Elizą Branicką przed ołtarzem, wymusił jeszcze na synu potem, aby ten popełniał na sobie gwałt seksualny, aby z żoną współżył. „[Ojciec] powiada, że umrze przeze mnie i żem egoista pierwszy na świecie itd. itd.” „Dziś rano poszedłem do niego – oskarżał mnie o niesłychane rzeczy, z czego wypada wszystkiego, żem lord Byron, szelma, gałgan, bez serca, kiep fizycznie i moralnie...”

„Sztych po sztychu mi zadaje, prawie pluje na mnie”. To w dziesięć lat później, w roku 1848. Zawsze o nim.

„Nic sprzeczniejszego ze mną, nic mojej naturze przeciwniejszego być nie może”. To do najbliższego człowieka, Delfiny Potockiej, o małżeństwie i mieniu dzieci. Zawsze o nim.

„Ona – napisze dalej w tym samym liście o żonie – choć sama w sobie dobra, stoi mi wiecznie przed oczyma jak Widmo, w którym skupione wszystko, co tylko kiedy stanowiło moje nieszczęście". Zawsze o nim.

„Z nim [Widmem-żoną] powiązać nie mogę jednej dobrej myśli. Nie ma nitki jednej, która by, z jej postaci spływając, nie dotykała gdzie ścięgna rozbolałego w mym sercu i nie targała go". Zawsze o nim.

„Ona nic przeciwko temu nie może. Nieświadomie, pomimowolnie tak się dzieje, a pomimowolne, nieświadome rzeczy to najpotężniejsze". Krasiński, czując się ostatecznie zabity na duszy, czując się ostateczną ruiną, dokonuje odkryć w duszy własnej – i w duszy każdego – na miarę geniuszu.

„Ich wpływ nigdy nie ustaje. Jest jakaś wieczność w nich, jest i elementarna siła, jak w prawach natury. Oto masz, co czuję".

Oto mamy, co odkrył. W liście tym są już przecież zawarte najistotniejsze odkrycia Freudowskie. A dokonał ich Krasiński wówczas, kiedy w tym samym liście pisał: „Życia już we mnie nie ma nic, jedno w stosunku do Ciebie!"

Pustelnik w *Dziadach* mówi: „Aleź bo różne są śmierci rodzaje".

Krasiński w liście do Delfiny Potockiej dopowiada: „różne też i stopnie życia":

> Gdyby nie Ty, nie czułbym już nigdy, że kocham, zatem i nigdy, że żyję – bo darmo, życie to miłość, a śmierć – to miłości zupełny brak! Nic nie uczynisz, nic nie stworzysz, kroku jednego nie postawisz bez pewnej miłości. Różne jej stopnie, różne też i stopnie życia, ale w końcu końców życie i ona to jedno! Więc do życia mego wołam, gdy wołam do Ciebie, a gdziekolwiek jestem i z kimkolwiek przestaję, co nie Tobą, to w śmierci mej przebywam, to ze śmiercią moją przestaję!

Można w listach Krasińskiego do Delfiny Potockiej dopatrywać się – jak to próbowano czynić – powieści. Można też zobaczyć w nich ociekające żywą ludzką krwią doświadczenie egzystencjalne, tak głębokie, że tyleż psychologiczne co kosmologiczne, bo przenikające do wnętrza ludzkiego tak głęboko, że aż do tajemnic kosmosu.

> Żebym myślał, że cierpiąc, Tobie coś dobrego wypracowuję u stóp Boga, to bym przyjął wszelkie cierpienia i chciał jeszcze cierpieć więcej. Ale wiem, że gdy tracę z sił życia – i Tobie ich ubywa. O! to to mnie nie cieszy, to czasem naprowadza mnie na chęć zachowawczą siebie, i o Tobie myśląc, mówię: „Szkoda mnie!"

Na chęć zachowawczą siebie! Czasem...

Oto ukazana tutaj, choć nadal ciemna przecież, ta sama tajemnica, która jest tajemnicą przedstawianych w Bettelheimowskich historiach przypadku *dzieci nie chcących żyć*.

I oto przekład sonetu Szekspira na prozę. Mów, że moje istnienie ma dla ciebie wartość – a stanie się tak, że moje istnienie będzie miało dla mnie wartość; przed twoim darem nie będę się bronił.

Oto tajemnica ludzkiej chęci życia, ludzkiej *chęci zachowawczej siebie*, rzekomego instynktu samozachowawczego, czegoś, co według dotychczasowych mniemań ludzkości ma działać w każdym człowieku w sposób wrodzony, bezwarunkowy, konieczny, automatyczny wręcz. Jak w automacie, a nie w człowieku.

Ale okazuje się, że jest inaczej. Aby zechcieć żyć po przyjściu na świat, trzeba doświadczyć – całym sobą – że drugi człowiek chce, abyśmy żyli, a chce tego nie z żadnych innych możliwych powodów, ale z tego jednego jedynego, że nasze życie, nasze istnienie, nasze „ja", jedno jedyne na całą wieczność, takie a nie inne, ma dla drugiego człowieka wartość. Nie jego własne życie w naszym, nie jego własne istnienie w naszym, nie jego własne „ja" w naszym. Nasze „ja", inne od jego „ja", inne, nie jego. Takie jakie jest, a nie takie, jakie on chciałby, aby było. Podmiotowe. W tej właśnie najpierwotniejszej warstwie bytu ludzkiego, międzyludzkiego dzieje się to, co nazywamy uznawaniem podmiotowości drugiego człowieka. Uznawaniem w drugim człowieku osoby.

Tak jak to było w tym, co Krasiński ofiarowywał Delfinie Potockiej: „Ja kocham T y Twoje, muszę przystać i na granice, w których jego na ziemi objawienie się odbywa”.

„Do życia potrzeba życia”, napisze Krasiński kiedy indziej do Delfiny Potockiej. „Trzeba życia, by obudzić życie we mnie”, będzie pisał do przyjaciela. Do życia potrzebny jest pokarm, humana, *vita humana* drugiej istoty ludzkiej. Do życia, ludzkiego życia, życia osobowego, a nie tylko do życia biologicznego, potrzeba życia ludzkiego, to jest doświadczenia własnej wartości osobowej. Doświadczenia, które, gdy przychodzimy na świat, stać się może naszym udziałem tylko przez to, że je nam ofiaruje drugi człowiek. Życie – osoby ludzkiej, a nie tylko tworu ludzkiego wydanego na świat – możliwe jest jedynie przez drugiego człowieka. Zbawienie możliwe jest tylko przez drugiego człowieka.

„Życia nie ma w nikim na ziemi i być nie może bez drugiego bieguna przeciwpostawionego, który obudza ruch i miłość, i czyn, czyli twórczość w tym, który żyć ma” – pisał Krasiński do Delfiny Potockiej w 1843 roku.

Ojciec był w życiu Krasińskiego drugim biegunem przeciwpostawionym, który obudzał w nim nie życie, ale zagładę, śmierć. Wmieszczał w niego samozniszczenie.

„Wszystko zniszczyć i obalić, i swoje postawić – oto popęd, który w nim wiecznie żyw”. Tak napisał Krasiński po niezmiernie dlań bolesnej rozmowie z Mickiewiczem w Rzymie w 1848 roku. „Dżengis i Pankracy w nim połączeni i zharmonizowani”. Nie o ojcu, o Mickiewiczu. „Chce władać, chce carować!” Ale kiedy indziej – w tych samych listach do najbliższego człowieka – w osobowości ojca znajdzie podobieństwo do despotyzmu ujrzanego w osobowości Mickiewicza w czasach towiańszczyzny. Towiańszczyzny, której istotę, z celnością umysłu przenikliwego na wskroś, ujął w dwu zdaniach: „Tęsknią do barbarzyństwa jakby do sielanki. Improwizacja z *Dziadów* wykonywana pedancko i co do joty – to ich ideał!”

Zbawienie możliwe jest tylko przez drugiego człowieka, i śmierć możliwa jest tylko przez drugiego człowieka. Choć może nie zabić od razu, ale działać jak opisywana przez Krasińskiego dawna włoska trucizna, akwatofana, „arcydzieło wśród trucizn".

Ta właśnie trucizna przychodzi mu na myśl, gdy chce dać Delfinie Potockiej wyobrażenie o tym, co znaczą jego słowa: „trup ze mnie", co znaczą jego słowa o „rozkładaniu się jego istoty poczętym od dawna". Pisze o akwatofanie w roku 1843 tak: „Nikt zaraz nie padał od niej, ale przez kilka miesięcy, lat nawet, harmonijnie słabiejąc, dochodził do takiego stanu, że lada zawianie lub zadraśnięcie śmierć mu przynosiło; wtedy otrawiciel spokojny i nie ścigany patrzał na zgon otrutego, bo świat nie mówił: «To trucizna». Ale pozorem omamiony mówił: «To katar lub czyrak»".

Nie można nie rozpoznać, kto był tym otrawicielem Krasińskiego. I jakie było najtragiczniejsze działanie tej trucizny za życia: „Straszną pogardę sam czuć zaczynam ku objawowi temu ducha mego, który nazywa się J a! Podobno to stopień jeden głębszy w rozwijaniu się skutków akwatofany! A kto na takim szczeblu stanął ten zejdzie jeszcze niżej!"

To dlatego stan wewnętrzny Krasińskiego był w dwa lata później taki: „Pisać już nie potrafię, moc wyrażeń upłynęła ze mnie, ale za to coraz mocniej i rozdzierającej czuję. A czuję najdrobniejszy pyłek, co [...]". I w tym samym roku 1846: „W istocie są chwile każdego dnia, w których mi się wydaje, że oszaleję z rozpaczy i z niemocy umysłowej; lada głupstwo mnie gryzie". W dwa lata później zaś, po wzmiance, że otrzymał list od ojca: „Życie mi się przemieniło w piekło jakieś zewnętrzne i wewnętrzne, a w istocie przez tę niesłychaną nerwów drażliwość, która wszystko ze świata zewnętrznego przyjmuje pod postacią rany". I jeszcze: „Ran tyle w samej głębi serca! [...] Natura cała, świat, krąg niebios stoi obrócon wymierzonymi ku mnie nożami, igłami, brzytwami!" I w roku 1848: „bom okrutnie podupadł na siłach wszystkich. Uciekam od wszystkiego. Czasem ledwo widzę, ledwo czuję, ledwo myśleć mogę. Wszelkie wstrząśnienie mnie zabija".

Ale już wcześniej, w 1843 roku, daje on taki obraz człowieka otrutego akwatofaną i dlatego żyjącego w żywej śmierci, człowieka-ruiny własnego „ja":

> Co dzień słabszy się czuję, moja choroba się wzmaga, śmiertelnym spleenem dusza się oblokła, zdaje mi się czasem, że już umarłem, bo chyba umarły tak martwym być może jak ja, tak nieciekawym niczego, tak niewrażliwym na nic, tak mało dotykalnym przez cokolwiek, tak głupim w każdej chwili, tak leniwym do wszystkiego, tak smutno-ospałym w każdym względzie, tak wstrętnym każdemu obliczu ludzkiemu, tak obalonym na ruinach własnego siebie, tak niewiedzącym już, co iskierka natchnienia, co uśmiech, choćby przelotny, co spokój duszy, choćby na chwilkę, co miłość własna, choćby w czymkolwiek, co pociąg, choćby do kart, do pijaństwa, co zajęcie się umysłem lub nogami, lub rękami, byleby zajęcie, bo i chodzić mi się nie chce, bo i pisać nie mogę, bo i czytać mnie męczy – cóż wychodzę, wydeptam, co wypiszę? Co wyczytam?

I tak miało być przez lata, *wiecznie* i *każdochwilnie*. „Nic nie rozumiem, co piszę, co myślę, co mówię. Mój Duch gdzie indziej – nie wiem, gdzie, ale nie w tym ciele, co pozostało jak próżna maska i siedzi przy tym stoliku".

Jak pusta powłoka *muzułmanina*.

„Żyłem jak galwanizowane trupy, życiem, z zewnątrz zaciągnionym, bo wewnątrz zawsze śmierć była, śmierć mi znana, dotykalna dla mnie, a drugim niewidoma, ukryta przed nimi pod maską żywości [...]".

„Zdaje mi się, żem się duszą odwiązał od ciała zupełnie, i że skądsiś jako widz patrzę na ciało moje gnijące i na duszę mą rozpływającą się – a sam nie jestem już niczem, tylko bolem wiecznym".

„Jak Łazarz już gnić zacząłem w trumnie – a trumna moja nie z drzewa, – grób mój nie z kamieni – jedno żywy, jak ja. Grób mój, to ja sam!"

*

„Czyż to los mój miał być za winy gdzieś przed urodzeniem dopełnione, o których zapomniałem!"

*

Wśród ponawianych wciąż, przez całe życie, obrazów wewnętrznych, w których Krasiński próbował wyrażać swoje doświadczenie nieszczęścia pierworodnego, rany pierworodnej, znalazł się też pewien autoportret pośredni. Ileż ten człowiek wiedział! W liście do Delfiny Potockiej, w 1846 roku, tak pisał o swojej żonie: „Możem rozwinął pierwiastek zgubności w niej zawarty, alem go jej nie nadał. Był w niej i jej losach, od kiedy żyje – jak w jej braciach jest! Niewolnicze wychowanie, ucisk niesłychany ciągły w domu i młodocianych latach nadał temu charakterowi hart stoiczny, kazał mu się cofnąć wewnątrz siebie, stąd wielkie panowanie sobie, myśl niełatwo udzielająca się i wynurzająca, ale skrycie nurtująca i pracująca – a takie gatunki myśli łatwo nabierają barw rozpacznych!"

Pierwiastek zgubności. (I barwy myśli rozpaczne...) Wśród zadziwiających w swym prekursorstwie odkryć Krasińskiego, tak głęboko wnikających w rzeczywistość ludzką, znalazło się z latami również i to odkrycie. Pierwiastek zgubności czyli popęd niszczycielski. Przeciwstawny wobec popędów życiotwórczych – popęd śmierci. Popęd, który człowiek może zwrócić przeciw drugiemu człowiekowi, ale też przeciw sobie samemu. Nie śmierć, ale właśnie popęd śmiertelny; nie ustanie działania wszelkich sił, ale siła działająca; nie zanik wszelkiej energii, ale energia, wielka energia zwracająca się przeciw działaniu innej energii. Innej energii? Czy przeciw innemu działaniu tej samej energii? Tego właśnie nie wiemy. Z tym pytaniem ludzkość boryka się, odkąd istnieje. Przez całe wieki poprzedzające Platońskiego Erosa dobrego i Erosa złego, i przez wieki po Platonie. Do odkrycia, że działają w człowieku – i jak działają – te dwa rodzaje sił popędowych: popędy twórcze, popędy życia i popędy niszczące, popędy śmierci, dotarło też międzyludzkie doświadczenie psychoterapeutyczne Freudowskie.

„Konanie jest olbrzymią siłą, rozpacz jest potęgą, bo śmierć za nią przybywa albo wraca życie! A śmierć jest dobrem i życie jest dobrem, oba to dary Boże! Tylko wahanie się między jednym i drugim jest męczarnią!"

„Myślę, że co przyczyną największą śmierci na ziemi, to ta niejednostajność położeń i uczuć, to to zapadanie w dół, bywszy na górze – to kołysanie się od nieba do ziemi, od wesela wewnętrznego do rozpaczy! Jakżeż może wytrzymać skorupa człowieka, anioł tego nie doznaje, więc też ma żywot wieczny!"

Czy jednak istotnie dopiero z biegiem lat dokonał Krasiński również i tego odkrycia? Odkrycia pierwiastka zgubności jako olbrzymiej siły działającej za życia, jako żywej śmierci będącej składnikiem czy warstwą istnienia ludzkiego pospołu z życiem? Składnikiem czy warstwą bytu ludzkiego, albo też, jeśli spróbujemy wysłowić to niedocieczone zjawisko nie na sposób substancjalny, lecz dynamiczny, będącej współ-popędem żywego istnienia ludzkiego, jego współ-siłą, choć jest kontr-popędem, kontr-siłą?

Chyba jednak nie z biegiem lat dopiero dokonał Krasiński tego odkrycia. Bo już w młodzieńczym *Adamie Szaleńcu* (napisanym po francusku w czerwcu-lipcu 1831 roku; tragiczny list do ojca w sprawie między Krasińskim a ojcem o pójście do powstania datowany jest 11 lipca 1831 roku) znajdujemy zastanawiające porównanie, w którym skrywa się już chyba podobna wizja owego pierwiastka zgubności. Jest to porównanie między całunem – a więc zdawałoby się, śmiercią już dokonaną, kiedy to wszelkie działanie, wszelka energia ustaje – a szatą Dejaniry, a więc czymś, co przeciwnie, działa, i to z najbardziej niszczącą gwałtownością, a bez końca: działa ku śmierci, ale trzeba dopiero śmierci z zewnątrz zadanej, aby jej śmiertelnie niszczące działanie ustało. Jest to porównanie z czymś, co jest nośnikiem, więcej – niepohamowanym rozpętaniem skumulowanej energii niszczącej możność życia, a przecież trwającej w tym niszczeniu niezniszczalnie, póki również jej samej nie położy kresu śmierć, inna śmierć, przychodząca skądinąd, z zewnątrz. Oto to porównanie i jego emocjonalne tło:

> Od kolebki miałem tylko kilka lat wolnych od plam. Mleko, które ssałem z piersi karmicielki, mój koń drewniany, mój blaszany miecz, moje gonitwy za motylem w ogrodzie, oto moje wspomnienia najpiękniejsze, najjaśniejsze.
>
> Reszta jest skryta całunem i nic nie może, nie będzie mogło go zerwać, jak szaty Dejaniry z łona bohatera.

To jest naprawdę wiedzące porównanie. Jaka jeszcze skrywa się tutaj wiedza?

Plamy, o których mówi bohater Krasińskiego, łączy on ze wstydem („W s t y d! w tym słowie zamknięta cała moja droga aż do grobu i cała moja droga za grobem, aż do…"), a wstyd wiąże się tu jednoznacznie – w jednoznacznie autobiograficzny sposób – ze złamaniem, zniszczeniem własnej podmiotowości, bo woli własnej, własnych najgłębszych pragnień: „Czy po to urodziłem się człowiekiem, by wnet utracić miejsce swe wśród ludzi? Czy urodziłem się Polakiem po to, by nie móc bronić swej ojczyzny?"

I w poczuciu jeszcze głębszego nieszczęścia: „Czyż kochałem jedynie po to, by postradać kochankę po wszystkie lata mego życia na ziemi, po wszystkie wieki mego życia w wieczności?"

I nieszczęście najgłębsze: „czy po to jeno udzielono energii mej duszy, bym używał jej przeciw samemu sobie, nie mogąc rozwinąć jej na zewnątrz?"

Przeciw samemu sobie. To dostrzegał Krasiński już w 1831 roku. W dwanaście lat później napisze do Delfiny Potockiej: „Ty masz teraz srogie prawo pogardy nade mną – jakżeż byś go nie miała, kiedy ja sam je czuję i stosuję do siebie! Kiedy sam się rozdzieram na dwie połowy, z których jedna depta po drugiej! Boże mój! Ja nieszczęśliwy byłem i jestem".

Przeciw samemu sobie. Z których jedna depta po drugiej…

Dla ciebie walkę wydam przeciw sobie,
Jakże bo kochać to, co obce tobie?

Pierwiastek zgubności – działający w każdym człowieku – doszedł chyba dlatego u Krasińskiego do takiej siły i przemienił się za jego życia aż w całun, w żywy całun, w żywą śmierć za życia, na podobieństwo niszczącej życie – a niszczącej bez końca – szaty Dejaniry, bo trafem losu pierwiastek ten wcielił się, zwielokrotniając i potęgując swoje działanie, w osobę ojca. Ojca, który zwrócił swój własny pierwiastek zgubności, swoje własne niszczycielstwo przeciw niemu, synowi. Ale Krasiński nie odwrócił z kolei tego ojcowskiego, skierowanego przeciw niemu pierwiastka zgubności, tego ojcowskiego niszczycielstwa – zwrotnie – przeciw ojcu. Wziął to niszczycielstwo w siebie i zwrócił je przeciw sobie samemu. Według niedocieczonych w ostateczności praw psychicznych, które poznajemy przecież zawsze tylko do pewnych granic. Niedocieczonych, bo tylko do pewnej granicy możemy dociec, jak to się dzieje, że jeden więzień reaguje na sytuację obozu koncentracyjnego stanem *muzułmanizmu*, a inny inaczej. Dziewiętnastoletni Krasiński pisał w liście do ojca: „Prawa dusz podobne [są] do praw fizycznego świata w tym, że równie pewne, równie trwałe i wieczne, różne zaś od nich w tym, że nam nie znane, Bogu tylko samemu wiadome; stąd ja zwykłem mawiać, iż one są poezją dla nas, a matematyką dla Pana Boga".

Możemy chyba jednak wiedzieć jedno. Krasiński, zwracając doznawane od ojca niszczycielstwo przeciwko sobie samemu, a nie zwrotnie przeciwko ojcu, bronił się z całych sił przeciwko identyfikacji z ojcem, z ojcem-niszczycielem. Bronił się z całych sił przeciwko temu, aby nie stać się takim samym niszczycielem jak ojciec.

Czy udawała mu się ta obrona? Jemu, który tyle razy powiadał, że jest zabijany i zabija, że cierpi nieskończenie i zadaje nieskończone cierpienia innym?

W każdym razie była to obrona śmiertelna. Płacił za nią życiem. Płacił sobą. Podwójnie płacił sobą. Bo niszczył siebie. I ponieważ, chcąc bronić swojej autentyczności – płacił za sposób, w jaki przyszło mu jej bronić, swoją autentycznością. Jak mu bowiem pisała Delfina Potocka, nie był stworzony do nienawiści – a nie mógł oprzeć się uczuciom nienawiści. Nienawiści zwrotnej. I to była chyba – w jego odczuciu – najtragiczniejsza klęska wewnętrzna jego życia.

„Nic sprzeczniejszego ze mną, nic mojej naturze przeciwniejszego być nie może" – pisał do Delfiny Potockiej, mieszkając w jej domu w Nicei, w 1846 roku, o małżeństwie i mieniu dzieci. A zaraz w następnym zdaniu pisał o nienawiści. Ta również sprzeczna była z nim i przeciwna jego naturze. „Wszystko to nienawiść mi coraz lepszą w sercu wygrzebuje. Nie mogę spojrzeć na ten dom Pontio, żebym się ponuro wewnętrznie nie wściekał". W domu, o którym wspomina, domu obok, mieszkała właśnie poślubiona gwałtem ojca żona i poczęte gwałtem ojca dziecko. „O! nacierpiałem się i cierpię okrutnie – pisał dalej – gniję żywcem. Całkie szmaty duchowe odpadają z duszy mojej. Ach, żeby tylko nie skończyć na srogiej nienawiści ku wszystkim, a szczególnie ku niektórym, bo nienawiść najokropniejszą trucizną dla tego, który ją czuje". K u n i e k t ó r y m. Zawsze o nim. „O! nie chcę nienawidzić, a czuję wzbierającą w sercu nienawiść, po trosze, z dnia na dzień, z miesiąca na miesiąc przybywa tych węgli tlejących wewnętrznie, lada okoliczność rozdmuchuje je teraz i w płomień zamienia już".

Świadomość tej tragedii wewnętrznej dochodzi u Krasińskiego do jasnowidzenia. „W buncie ciągłym, bez miary, bez wytchnienia jestem przeciwko wszystkiemu, co mnie otacza, co jest, co będzie – jako Polak, jako człowiek, jako serce, jako umysł. Niczemu nie sprzyjam, o nic nie dbam, niczemu nie błogosławię. Wszystko mi sprzecznym, rozdzierającym, wszystko trucizną. Każda chwila mi kielichem trucizny!"

I w dwa lata później, w 1848 roku, w Rzymie: „Uciekam wiecznie zewsząd, bo wiecznie gwałt w moim sercu tkwi, jakiś tam piorun wściekły i gotowy, i to skorom w domu. Niech tylko wyjdę na ulicę, gdzie na powietrze, i sam się uczuję, wnet inna myśl – zawsze cierpiąca, nieszczęśliwa, ale nie pełna złości, nie gotowa do gwałtu, nie dzika i twarda, i nienawistna!

Tak się struwam powoli, tak całą naturę moją, niegdyś jednak piękną i dobrą, przemieniam w coś szpetnego i szkaradnego, i nie mogę, nie mogę się oprzeć!"

I kulminanta tego jasnowidzenia: „Wieczne prawo w publicznym i potocznym życiu, że kto sieje ucisk, ten zbiera bunt – i w zupełnie tym samym stosunku...".

Tak jak to było również w jego rzymskich rozmowach z Mickiewiczem, o którego postawie w owych rozmowach pisał wtedy: „gwałt ciągły, jeśli nie wywarty, to czyhający przynajmniej. Stąd bolesne wrażenie walki, stąd kochającemu nawet do serca ciągle wtykany bunt i opór przez oddziaływanie ducha".

Czym zaś jest bunt, bunt, a nie prawdziwe wyzwolenie, bunt – struwająca naturę ludzką nienawiść zwrotna, struwający naturę ludzką gwałt zwrotny, to właśnie Krasiński poznał całym sobą, całą swoją egzystencją, mimo śmiertelnej obrony.

Toteż chyba dlatego, że to prawo, o którym pisze, poznał Krasiński – i rozpoznał – tak dogłębnie w potocznym życiu, w najbardziej osobistym, z ciała własnego i krwi własnej doświadczeniu egzystencjalnym, on jeden z trzech wieszczów okazał się rzeczywiście wieszczem w sprawach życia publicznego. Wywieszczył bieg publicznego życia, i to niemal w połowie świata; wywieszczył pocarski totalitaryzm. „Mikołaj padnie, ale nie jego duch i potęga! Duch ten się rozpryśnie jak wścieklizna i wszczepi się w miliony zaślepione"... „Mikołaj rozlany na tysiące wydać musi te same owoce"...

Samozniszczenie jako konsekwencja popełnianego na Krasińskim dzieciobójstwa – jako dzieło owego „arcydzieła wśród trucizn" – posuwało się w jego życiu wraz z latami. „Żrę się, gryzę, gniję. O moja Dialy! Stałem się już wynikłością, rezultatem, wyrobem przeszłości".

A jednak wciąż się nie poddawał. „Wszystkimi siłami, wszystkimi sposoby staram się o Ducha mego, by wyszedł z melancholii, która skończy na jego uzwierzęceniu i gorzej, na jego przekamienieniu. A nie sposób mi. Ran tyle w samej głębi serca [...]". I w tym samym liście do Delfiny Potockiej: „Wcześniej u Ciebie, później wyrobiło się u mnie, bo silniejszej byłem natury, ale teraz już wyrobiło się – i sam truchleję przed sobą samym. Kiedy czasami, zajrzawszy aż na dno własnej duszy, odkryję same żmije pełzające w niej, uczuję nienawiść i złość niepohamowaną, psucie się dobroci, gnicie słodyczy, kto wie, może nawet szlachetności rozstrój!"

Doświadczył nieszczęścia, jakim jest nienawiść, wmieszczona w nas przez to, co kieruje przeciwko nam drugi człowiek, ale nigdy na nią nie przystał. Ani w sobie, w swoim życiu potocznym, osobistym, ani w życiu publicznym. D l a t e g o chyba nie przystał na nią w życiu publicznym, że ją całym sobą poznał w życiu potocznym, osobistym. Przeciwstawiał jej – w sobie samym i zarazem w życiu publicznym – pragnienie nad pragnieniami: „chciałbym [...] nikogo nie gubić, wszystkich pojednać..."

Poznał też jednak zarazem całym sobą tę prawdę nad prawdami, że „nie ma miłości, gdzie nie ma wolności". Gdzie nie ma podmiotowości jednego i drugiego człowieka, gdzie nie ma ludzkiej, międzyludzkiej autonomii. Wzajemnej. „Kochać się tylko mogą wzajem wolne duchy".

Toteż on, który tak tragicznie walczył całe życie o swoją wolność z tragicznie przeciwstawiającym się jego podmiotowości i autonomii drugim człowiekiem, a nie zdołał jej w sobie wywalczyć, nie zdołał się od tego człowieka wyzwolić wewnętrznie, mógłby chyba powiedzieć do niego wraz z Norwidem:

o! moi wy nieprzyjaciele
[...]
Wam ja, z góry
S a m e g o s i e b i e r u i n, mówię tylko,
Że z głębi serca błogosławić chciałbym –

Chciałbym... to tyle mogę... resztę nie ja,
Bo ja tam kończę się, gdzie możność moja.

Ta możność, u każdego człowieka inna, jest też w każdym człowieku niedocieczona.

* * *

W 1843 roku, w tym samym liście z Opinogóry, w którym Krasiński pisał do Delfiny Potockiej: „zabity bywam i zabijam, ilekroć z tą panną jestem" (z żoną-Widmem ojca), opisywał jej też swój i przyjaciela pobyt na cmentarzu:

> Przed kilku dniami, kiedy tu był August [Cieszkowski], poszedłem z nim na cmentarz. On usiadł na grobie Rozpędowskiej, ja naprzeciwko na grobie pani de la Haye, wspólnej bony nas obu, i zaczął bardzo smętnieć August, wreszcie płacząc rzekł: „Sierota ze mnie, bo tylko ta jedna kobieta na świecie mnie kochała". Przycisnąłem go do piersi w milczeniu i rozpłakałem się także, mówiąc: „I ze mnie sierota". I tak przeczekaliśmy pół dnia na tych grobach, aż słońce zachodząc oczerwieniło je i zaszło, a jeszcze my siedzieli ponad mogiłami tych dwóch dobrych kobiet, i rozmawialiśmy [...].
>
> Chatę chciałbym sobie zbudować na tym cmentarzu i zamieszkać w niej – [...].

„I ze mnie sierota". Matka Krasińskiego zmarła, gdy miał dziesięć lat. Ale nie na grobach matek siedzieli, matek, o których nie wiemy, jakie dla nich były w ich wczesnodziecięcym odczuciu; siedzieli na grobach dwu d o b r y c h kobiet.

„I ze mnie sierota". Ojciec Krasińskiego wtedy żył.

Ta chata na cmentarzu, którą Krasiński chciał zbudować i w której chciał zamieszkać, to oczywiście był obraz jego samego. To był obraz tego, kim czuł się wewnętrznie. To było jego pustkowie Kitajronu. Jego cmentarna forteca. „Grób mój, to ja sam!", napisał przecież kiedy indziej, i pisał to w fomułach niezliczonych. Ta chata na cmentarzu to była żałoba po sobie samym.

Bo żałoba po dobroci, po miłości. Ale nie tylko po dobroci, miłości drugiego człowieka, który już nie żyje, który umarł śmiercią zewnętrzną. Także po niegdysiejszym, dawnym, zapewne kiedyś żywionym – tylko nie wiadomo, jakich lat życia sięgającym – wyobrażeniu o dobroci, miłości człowieka, który żyje, lecz który życiem swoim zaprzeczył temu wyobrażeniu.

W jednym z młodzieńczych utworów Krasiński każe swojemu bohaterowi umierać z dwu klęsk – porzucenia przez ukochaną i zdrady przyjaciela. Może pierwsza klęska, porzucenie przez ukochaną, jest tu przetworzonym, duchowym ekwiwalentem żałoby po owej *dobrej kobiecie* wczesnego dzieciństwa. A zdrada przyjaciela to chyba ówczesny, młodzieńczy, przetworzony ekwiwalent duchowy tego, jak w głębi duszy Krasiński przeżywał w początkach swojej dojrzałości wewnętrzną historię z ojcem, żałobę po ojcu, bo po wczesnodziecięcym obrazie ojca. Żałobę, którą Krasiński tak rychło i tak zdumiewająco przenikliwie s p o s t r z e g a ł, a niepodobna wiedzieć, czy i kiedy ją z o b a c z y ł. Czy dowiedział się od siebie, że o niej wie?

Freud powiadał o nieświadomej wiedzy człowieka, że jest to wiedza, o której się nie wie, że ma się ją w sobie. Człowiek mając o czymś wiedzę nieświadomą, wie o tym czymś, ale nie wie, że wie. *Spostrzega*, a nie *zobaczy*.

Czy Krasiński wiedział, że wie? Skoro mówił w 1843 roku: „I ze mnie sierota"?

To, co w jego historii wewnętrznej z ojcem jest przy wszystkim innym tak bardzo jeszcze przejmujące, to fakt, że tak wcześnie wszystko właściwie ojcu p o w i e d z i a ł – tyle tylko, że właśnie niepodobna dociec, w jakiej mierze był tego świadomy...

Pamiętamy, że w 1831 roku, w kilka tygodni po tragicznym liście do ojca w sprawie między nimi o pójście do powstania, Krasiński pisał do niego – nie wprost, ale przez to, co mu pisał – że jest okrutny i niczym niedający się odwrócić w swojej zawziętości, jak starożytne Fatum, i wzywał Opatrzności Boskiej, aby złamała i skruszyła okrucieństwo i zawziętość ojca. Trochę później, w październiku tego samego 1831 roku, pisał ojcu podobnie – to znaczy znów nie wymieniając bezpośrednio jego osoby – o swoim rujnującym doświadczeniu doznanej zdrady. „Czuję, iż miałem dawniej, dziś może mam jeszcze, źródło ogromne miłości w sobie, które wylewałem na wszystko, którym barwiłem i krasiłem wszystko; i kobiety kochać mogłem szalenie, i przywiązać się do każdego mężczyzny, i ufać każdemu, w pokoju, nie w obawie spuszczając głowę na jego łono; a teraz zda mi się, że wszędzie podstępy czyhają na mnie, że każden zdradzić i wyśmiać gotów; [...] i strach mnie porywa, czy też nie tak samo ze wszystkimi bez wyjątku". Czy *zobaczył*, co ojcu napisał? Czy ojciec *zobaczył*, co czytał? O kim i o czym to było?

Scena na cmentarzu w Opinogórze w 1843 roku wyjawia, że chyba właśnie ten grób d o b r e j kobiety, nad którym Krasiński wtedy siedział i płakał w poczuciu sieroctwa, skrywał w sobie ludzkie, międzyludzkie praźródło owego źródła ogromnego miłości, które Krasiński czuł w sobie w młodych latach, jak o tym pisze w przytoczonym liście do ojca. Kiedy indziej pisał mu właśnie o tej kobiecie: „Jej pamięć najdroższą jest dla mnie [...]. Och, trudno było o lepsze serce, o osobę bardziej do mnie przywiązaną". A w jednym z listów do Cieszkowskiego, w 1848 roku, znajdujemy zwrot: „Ty, którego kocham częścią serca pani de la Haye"... Ona więc, obdarzając go swoją miłością, wmieściła w jego serce w czasach dziecięcych miłość, co wbrew całemu późniejszemu piekłu nienawiści zwrotnej, w które miała wtrącić Krasińskiego nienawiść ojca i w którym całe życie ginął, jednak w niedocieczony sposób ocalała się w nim przez całe życie, snując przeciwstawny ścieg tkaniny życia, targanej ściegiem przeciwstawnym. Krasiński jedyny z trzech wieszczów chyba naprawdę znał miłość, miłość do drugiego człowieka. Tak jak naprawdę poznał – na wskroś, samoświadomie – nienawiść.

Toteż scena na cmentarzu i wyrażone przez Krasińskiego pod jej wpływem pragnienie, by na tym cmentarzu zbudować sobie chatę i zamieszkać w niej, ukazuje bardzo wyraziście skrywającą się w tym pragnieniu głęboką ambiwalencję. I ukazuje może, czego tylu bohaterów romantycznych szukało na cmentarzach…

Bo zbudować chatę na cmentarzu i zamieszkać w niej to uwewnętrznić śmierć. Ale skoro na tym cmentarzu pogrzebany jest człowiek dobry, człowiek dobry najwcześniejszego dzieciństwa, człowiek dobry początków życia, to w chęci takiej skrywa się zarazem pragnienie powrotu do źródeł, do nieskażonych jeszcze złem, zniszczeniem, źródeł życia, pragnienie, aby przylgnąć do tego ludzkiego dobra, uczynić je fundamentem egzystencji, przejąć je w siebie, zatrzymać w sobie, na zawsze. Pragnienie więc, przeciwnie, aby móc żyć.

Potwierdzałyby to dalsze słowa Krasińskiego: „Chatę chciałbym sobie zbudować na tym cmentarzu i zamieszkać w niej – lub też obok zaraz, w tym domku dziś pustym, co tak brzmiał przed laty fortepianu dźwiękami, gdy w nim grywał całe noce i ranki Konstanty". Konstanty, to był najbliższy przyjaciel, który nie zdradził, nie okazał się śmiertelnym nieprzyjacielem. Umarł, ale tylko śmiercią zewnętrzną.

„Płacz nade mną, bo ze mnie mógł być posąg Paryjski, a teraz jest gruz i ruina, a jest ból i rozdarcie, a będzie wkrótce nic!"

Lorenzaccio – tragedia samozniszczenia

Jestem, jakobym nie był.
Zygmunt Krasiński

Mój świat jest w żałobie.
Samuel Beckett, *Murphy*

I

W szczytowym momencie najważniejszej sceny między dwoma głównymi protagonistami dramatu, Lorenzem a Filipem, pan Kolberger woła wielkim głosem: „Sądzisz, że nie ma już we mnie duszy?...” Powinien wołać: „dumy”, ale ponieważ myli się tak w każdym z widzianych przeze mnie przedstawień[1], nie może to być zwykła, przypadkowa omyłka dykcji, jak pomyślałam za pierwszym razem. Za drugim razem przyszło mi najpierw na myśl, że musi to więc być błąd w maszynopisie dostarczonej aktorowi roli, a reżyser – bagatela! – nie zauważył go. Wkrótce jednak zdałam sobie sprawę, że rzecz jest jeszcze poważniejsza. To omyłka psychoanalityczna. Głębsze „ja” aktora bezwiednie, uparcie i celnie woła tak w proteście do reżysera spektaklu. W imieniu własnym, głównej postaci dramatu i samego Musseta.

Mój odzew to głos, że rzecz jest poważna śmiertelnie. Istotnie chodzi o duszę, więc chodzi o życie. Nie ma duszy i życia, gdy

[1] Teatr Współczesny w Warszawie, premiera w maju 1986 roku, reżyseria Krzysztofa Zaleskiego.

nie ma kultury. A że *nie miecz, nie tarcz* bronią kultury, ale to, jak my ją wcielamy w siebie, więc jeśli mamy w ten sposób wydziedziczać się z niej sami, jak chciał reżyser warszawskiego *Lorenzaccia*, to kładźmy się od razu w grób, nie czekając, aż nas dogrzebią.

W przedstawieniu Krzysztofa Zaleskiego odwrócony został – czy zawrócony – sam kierunek kilku ostatnich wieków europejskiej kultury. Spektakl ma się tak do dramatu Musseta, jak przedszekspirowskie, prymitywne fabuły różnych *Zabójstw Gonzagi* do *Hamleta* Szekspira. Szekspir, jak wiemy, czerpał z wcześniejszej nowelistyki czy z wcześniejszego teatru rozmaite grube zarysy akcji, aby wypełnić je wnętrzem ludzkim, z zewnętrznych wypadków stwarzał wewnętrzny dramat człowieczeństwa. Tu odwrotnie. Wyrzucone zostało wnętrze ludzkie, zostały wypadki. Reżyser sprowadził dramat Musseta do stanu, który można by porównać ze zniweczeniem w *Hamlecie Hamleta* i graniem go na powrót jako prymitywnego *Zabójstwa Gonzagi*. Podczas gdy my, w naszych czasach, już wiemy, że przeciwnie, nawet z różnych dawnych *Zabójstw Gonzagi* można zrobić wielki teatr.

Łatwo prześledzić, jak powstaje taki prawdziwy spektakl samowydziedziczania się, jakim jest warszawski *Lorenzaccio*, metoda odpowiada tu bowiem dokładnie rezultatom. Powstaje on mianowicie przede wszystkim sposobem negatywnym, bo głównie przez skreślanie. Aktorzy nie mają jak zagrać dramatu, ponieważ nie mają czego grać, nie mają materii do grania, pozostawiono im potargane strzępki. Jednemu z recenzentów ta metoda spodobała się, uznał, że takie skreślanie znacznie, jak powiada, zdynamizowało akcję (spodobał mu się więc pomysł, aby *Lorenzaccia* zagrać jako *Zabójstwo Aleksandra*, a nie jako *Lorenzaccia*). Zobaczmy najpierw – choćby w jednej scenie, właśnie w scenie zabójstwa – jak to zostało zrobione.

W spektaklu warszawskim Lorenzo, zabiwszy Aleksandra, woła do pojawiającego się ku pomocy zbira Scoronconcola:

„Spójrz, ugryzł mnie w palec!”, po czym obaj czym prędzej uciekają. Jeżeli dynamizm akcji mierzyć bezsensownością rzucanych słów i szybkością znikania aktorów ze sceny, to rzeczywiście akcja jest tu nieprzytomnie dynamiczna. Widz nie ma nawet chwili na nieco przytomniejszą refleksję, po co Mussetowi potrzebne było to, aby Aleksander, umierając od ciosów Lorenza, ugryzł go, i to akurat w palec. Aktorowi, któremu reżyser dał do wygłoszenia kwestię jawnie pozbawioną sensu, nie pozostało nic innego, jak zagrać w tym momencie – całkiem logicznie! – zaskoczone i oburzone ogłupienie. Koniec sceny zabójstwa.

Tymczasem w teatrze Musseta zabójstwo Aleksandra nie jest końcem akcji w tej scenie, ale dopiero początkiem. Początkiem mającej dopiero nastąpić, prawdziwej kulminacji. W momencie bowiem, w którym reżyser skreślił dalszy ciąg słów Lorenza i dalszy ciąg sceny, zaczyna się – dla bohatera najgłębsza, a dla widza najbardziej wstrząsająca w całym dramacie – scena spełnienia.

Nie było nim samo zabójstwo Aleksandra. Bo też to zabójstwo nie było dla Lorenza – i nie miało być – tylko zabójstwem. Mówił on o nim poprzednio, gdy było jeszcze tylko jego zamiarem, na wiele sposobów. W chwilach najwyższego napięcia – jako o czymś skrajnie przeciwnym: jako o swoich zaślubinach, o swoim weselu. I sama scena mordu ukształtowana została przez Musseta tak, aby przezierała z niej – jako jej skrajne przeciwieństwo, a zarazem coś jak gdyby tożsamego z nią – scena miłosna. Aleksander bowiem przybywa do pokoju Lorenza na schadzkę, gotuje się do spędzenia nocy z Katarzyną. Toteż w teatrze Musseta Lorenzo po dokonaniu zabójstwa powiada: „Spójrz, ugryzł mnie w palec. Do śmierci zachowam tę krwawą obrączkę, klejnot nieoszacowany”. Obrączkę (czy pierścionek – *cette bague* – jak wybiera Boy w swoim przekładzie) – znak dokonanych zaślubin.

I oto teraz dopiero, po tych słowach właśnie, w teatrze Musseta nastąpi spełnienie. Widz drży, bo pojął, że teraz musi nastąpić śmierć Lorenza. Nie dlatego, że ten nie ucieka i pewnie zostanie schwytany nad trupem, lecz dlatego, że po takich śmiertelnych zaślubinach śmierć jest już w nim, Lorenzo zginie zaraz z wewnętrznej przyczyny. Ale w tym momencie – zwrot. Następuje coś skrajnie przeciwnego (choć zarazem cały czas dzieje się właśnie to: trwa śmiertelne zagrożenie, bo Lorenzo nie myśli uciekać). Zabójca z krwawym pierścieniem na palcu podchodzi do okna i siada w nim:

> Lorenzo Jaka piękna noc! Jakie czyste powietrze! Oddychaj, oddychaj, serce upojone radością!

A więc przeciwnie, zaślubiny ze śmiercią okazują się jednak dla Lorenza zaślubinami z życiem. Widz w teatrze Musseta – choć z innych powodów niż zbir, który przed chwilą odkrył, że zabity człowiek to książę Florencji – nie wytrzymuje piętrzonego przez ten zwrot napięcia.

> Scoronconcolo Chodź, panie, zrobiliśmy aż za wiele; uciekajmy.

Ale to jeszcze nie jest napięcie kulminacyjne.

> Lorenzo Jaki łagodny i balsamiczny wiatr! Wszystkie kwiaty otwierają się na łąkach! O wspaniała naturo! O wieczny spokoju!

A więc dla Lorenza to więcej jeszcze, dzięki temu krwawemu pierścieniowi dokonują się jego zaślubiny z całym kosmosem. Ale ów stan weselny, ta chwila spełnienia, które tym razem wydaje się już spełnieniem ostatecznym, ta wizja raju odzyskanego, tu, po dokonanym mordzie, o dwunastej w nocy, w godzinie, w której zmagają się ze sobą siły kosmiczne, to jednocześnie przeciwnie, męka Lorenza. Nie ogród rajski, ale jakby ogród oliwny:

> Scoronconcolo Wiatr zmrozi na twej twarzy pot, który spływa. Chodźcie, panie.

Ale i tego nie dość, przeciwnie, teraz dopiero nastąpi prawdziwa kulminacja sceny, dokona się spełnienie naprawdę ostateczne. Lorenzo, w poczuciu odzyskanej więzi z ładem kosmosu, połączy się teraz z samym Bogiem. Tu, nad trupem tego wcielenia zła, które zniweczył, a zarazem zaślubił, morderca odzyskuje poczucie więzi z najwyższym ucieleśnieniem dobra:

Lorenzo Boże dobroci! co za chwila!

Teraz nic więcej już być nie może. I my już dłużej nie możemy trwać ze wstrzymanym oddechem.

Scoronconcolo W szczególnym jest stanie ducha. Co do mnie, zmykam.

Z przestrzeni wszechświata, ze sfer brzmiących jak szklanne harmoniki kręgi, wracamy z powrotem na ziemię:

Lorenzo Czekaj! zaciągnij firanki. Teraz daj mi klucz od tego pokoju.
Scoronconcolo Żeby tylko sąsiedzi nic nie usłyszeli!
Lorenzo Zapomniałeś, że przywykli do naszych wrzasków? Chodź, idziemy.

Tak dramatycznej sceny, pełnej tylu przeciwieństw, tylu zwielokrotnionych kontrastów zewnętrznych i ambiwalencji wewnętrznych – przy czym nic, co najważniejsze, nie jest ani ukazane wprost, ani powiedziane wprost, wszystko pośrednio, a więc wszystko przepełniają znaczenia niewyczerpywalne – tak dramatycznej sceny nie ma chyba w ogóle w teatrze ostatnich stu kilkudziesięciu lat, od kiedy została przez Musseta stworzona. W teatrze właśnie, na przekór temu, że *Lorenzaccio* miał być pisany jako dramat nieteatralny. Oto trup na scenie, zabójca nad trupem, zbir ku pomocy, konieczność ucieczki – i widz zdołał wejrzeć na moment wejrzeniem nieskończenie głębokim w to, co niewyobrażalne i niewyrażalne. Mistrzostwo poety w posłużeniu się teatrem zewnętrznym dla ukazania teatru wewnętrznego naprawdę zapiera tu dech w piersiach[2].

Ale oczywiście to, co się tu dzieje, wstrząsnąć może tylko widzem, który wie, jaki obraz siebie dawnego, swego dawnego, dobrego „ja" – sprzed postanowienia, aby dokonać zabójstwa, i sprzed przybrania maski człowieka występnego, która przemieniła się w nowe, występne „ja" – stwarzał w dramacie Lorenzo. „Kochałem kwiaty, łąki i sonety Petrarki". „Byłem piękny, spokojny i cnotliwy". „Byłem wówczas szczęśliwy, serce i ręce

[2] Nie chcąc zakłócać tej sceny problemami tekstowymi, przytoczyłam ją w przekładzie, który jest rodzajem kontaminacji tłumaczenia Joanny Guze (w tym tłumaczeniu sztuka grana była w teatrze warszawskim) z tłumaczeniem Boya, właściwszym w pewnych miejscach pod ważnymi względami. Skomentuję przynajmniej jedno miejsce.

Scoronconcolo Le vent va glacer sur votre visage la sueur qui en decoule. Venez, seigneur.

Boy: „Wiatr zmrozi na twej twarzy pot, który spływa. Chodźcie, panie".

J. Guze: „Ten wiatr zmrozi tylko pot na twojej twarzy. Chodźmy, panie".

Autorka nowszego przekładu zrozumiała prawdopodobnie, że Scoronconcolo s ł y s z y, co mówi Lorenzo i o d p o w i a d a na jego słowa. Dlatego dodała przeciwstawiające się „tylko", czego nie ma w oryginale, i zaczęła kwestię Scoronconcola od nawiązującego: „t e n wiatr". W tym samym duchu zamieniła dystans „chodźcie, panie", na „chodźmy, panie".

Tymczasem wydaje się, że wszystko, co mówi Lorenzo w tej scenie, to mowa wewnętrzna, którą ma słyszeć widz na widowni, ale nie zbir. Widz słyszy tutaj dwie kwestie równoległe, osobne, a nie dwie kwestie będące dialogiem; do niego – jako tego trzeciego w teatrze – należy ich skrzyżowanie. W ten a nie inny sposób pojmuje on, że obraz stwarzany w słowach Lorenza jest tylko tym, co Lorenzo ma przed oczyma duszy swojej, a co jest skrajnie przeciwstawne wobec obrazu, jaki ma Scoronconcolo – uczestnik dramatu, ale patrzący z zewnątrz. Nie tylko samo spiętrzenie przeciwstawień, lecz także aktywna rola, jaką pośród tych spiętrzeń ma tu do odegrania widz na widowni, jest u Musseta czymś tak mistrzowskim i tak teatralnym. W spektaklu warszawskim wraz z wyrzuconą sceną zostało wyrzucone sedno dramatu i został wyrzucony z teatru widz. Dobrze jeszcze, że reżyser nie każe mu – jak inni – cisnąć się w przedsionku gmachu, a potem łapać krzesła na widowni, w ten subtelny sposób rozumiejąc jego aktywną rolę w teatrze.

miałem spokojne". I jeszcze, na pół godziny przed zwabieniem Aleksandra w zasadzkę, pośród gorączkowego, szaleńczego obmyślania ostatnich szczegółów mordu: „Ile ja dni spędziłem pod drzewami! Ten spokój, ten widok w Cafaggiuolo!..." Dawny Lorenzo to był jakby drugi Celio o niebiańskim imieniu i duszy niebiańskiej, znany nam z wcześniejszych *Kaprysów Marianny*. Obecny Lorenzo, ten, którego widzimy w dramacie, to jakby odmiana Oktawa, przeciwieństwo Celia.

W *Lorenzacciu* natura pojawiała się dotąd – przed sceną zabójstwa Aleksandra – zawsze i tylko wtedy, gdy w kimś było dobro. Przeciwstawiana złu, zepsuciu miasta. Matka i siostra Lorenza, które uosabiają w pewien sposób jego dawne, dobre „ja" i są w dramacie rzeczniczkami dobra[3], ukazały się nam po raz pierwszy za miastem, o zachodzie słońca, na brzegu rzeki: „Spójrz, dro-

[3] Katarzyna jest wprawdzie (jak w *Storia fiorentina* Benedetta Varchiego) żoną brata matki Lorenza, a więc jego ciotką, ale żoną młodziutką, w wieku Lorenza (w wieku zatem odpowiednim dla ciotecznej siostry), mąż zaś w dramacie w ogóle nie istnieje. Żyje ona – jak przedtem Lorenzo – pośród książek, dobra i piękna, towarzysząc jego matce (jak gdyby była jej córką). W utworze George Sand *Scéne historique. Une conspiration en 1537* (rękopis tego utworu pisarka ofiarowała Mussetowi do swobodnego wykorzystania) Katarzyna jest właśnie siostrą Lorenza. Tak też u Musseta mówi o niej do Lorenza matka: „twoja siostra". W *Lorenzacciu* postać Katarzyny ma wszystkie rysy tylekroć pojawiającej się w dramatach tej epoki typowej siostry romantycznej, która jest istotą bliźnią, idealnym sobowtórem głównego bohatera, a zarazem łączy w sobie obraz idealnej matki najwcześniejszego dzieciństwa (jest więc także sobowtórem matki) z obrazem idealnej ukochanej. W utworze Musseta rysy te są jeszcze bardziej wysublimowane niż u innych romantyków i niezwykle subtelnie przymglone. A sieć więzi sobowtórowych między postaciami dramatu – jeszcze delikatniejsza i bogatsza. Katarzynę, po męsku wykształconą, widzimy nad tymi samymi księgami, pośród których żył dawny Lorenzo i nad którymi strawił życie Filip Strozzi: czyta historyków rzymskich, skądinąd programową, jak wiadomo, lekturę wszystkich romantyków. Z warszawskiego przedstawienia wszelkie księgi zostały konsekwentnie wyrzucone; konsekwentnie, bo trudno o bardziej wyrazisty symbol pamięci kultury.

ga matko, jakie piękne jest niebo, jaka przestrzeń i cisza; i wszędzie jest Bóg!" Gdy margrabina Cibo dała się uwieść złu, jej nieobecny mąż, będący dla niej uosobieniem dobra – a zarazem jakby uosobieniem najlepszej części jej własnego „ja"– znajdował się poza miastem, w posiadłościach wiejskich. I kiedy dręczyła się ona popełnionym złem, spoglądała na portret męża, widząc go w myślach pośród obrazów natury: „Gdzie jesteś teraz, mój drogi?... Piękne drzewa szemrzą łagodnie nad twą białą głową..."

To, co w scenie zabójstwa Aleksandra dzieje się z Lorenzem w chwilę po dokonaniu tego czynu, gdy Lorenzo trwa w oknie na wszechświat z krwawym pierścieniem na palcu, stanowi szczytowy moment całego dramatu. Następuje tu bowiem – niespodzianie i wbrew wszystkiemu, co działo się dotychczas – jak gdyby rozwiązanie wewnętrznego konfliktu bohatera, konfliktu między autentycznością a maską. Następuje skrajna odwrotność tego, czego spodziewał się dla siebie po swoim czynie – a raczej właśnie nie spodziewał – bohater, który działał dotąd cały czas w przekonaniu, że nie jest już dla niego możliwe odzyskanie dawnego „ja". Następuje nagłe, skrajne zaprzeczenie rozpaczy, jaką uosabia jego postać, rozpaczy, która dotąd przenikała wszystkie jego myśli i uczynki: „nie mogę odnaleźć samego siebie, ani też obmyć własnych rąk, nawet krwią!"[4] Następuje jak gdyby spełnienie niemożliwości. W chwilę po zabiciu Aleksandra Lorenzo jak gdyby odnajduje raj utracony, bo jak gdyby odzyskuje na powrót swoje pierwotne „ja", „ja" dobre, uznane przezeń za autentyczne, które w jego przekonaniu wyparte już zostało pod wpływem przybranej maski zła przez równie teraz autentyczne „ja" złe. A więc – jak gdyby – okazuje się w tym momencie, że to jednak była tylko maska! Widz w teatrze Musseta ogląda coś, co dla Lorenza jest sceną ocalenia – wbrew całemu jego dotychczasowe-

[4] Przekład Boya. Wszędzie tam, gdzie przy cytatach z *Lorenzaccia* nie podaję nazwiska tłumacza, znaczy to, że cytuję tekst w przekładzie Joanny Guze.

mu przekonaniu: „jestem zgubiony", które wyrażał z taką siłą w starciach duchowych z Filipem, przeświadczonym, że Lorenzo zdoła jednak po swoim czynie „powrócić do cnoty". Najgłębszy dramatyzm tej sceny odsłoni się wszakże widzowi dopiero wówczas, gdy ona już minie, odsłoni się niejako wstecz, w ostatnim akcie. Kiedy bowiem Lorenzo pojawi się znowu przed naszymi oczami, już po szczęśliwej ucieczce z Florencji, ukaże się – znów zwrot, znów przeciwnie – nie jako człowiek ocalony, ale jako człowiek ostatecznie spustoszony wewnętrznie:

> F i l i p [...] nie zmieniłeś się, Lorenzo.
> L o r e n z o Nie, w istocie; noszę wciąż ten sam strój, chodzę wciąż na własnych nogach i ziewam ustami; zmiana jest tylko taka, że czuję się bardziej wydrążony i pusty niż figura z blachy cynowej.

Wydrążony i pusty. To samookreślenie się śmierci wewnętrznej. I dlatego Lorenzo zginie rychło również śmiercią zewnętrzną.

Tak więc – przenosząc się teraz na powrót z teatru Musseta do warszawskiego teatru – widzimy, że sprawa o pierścień to sprawa o wszystko. Reżyser, wyrzucając ze sceny zabójstwa pierścień na palcu, wyrzucił ze swojego spektaklu wszystko. A co najgorsze, nie uczynił tego chyba nawet w imię swojej wizji dramatu Musseta. Wizji, w której nie istnieje ludzki dramat wewnętrzny – i teatr wewnętrzny – ale tylko dramat zewnętrznych wypadków. Bo przecież, gdyby w ogóle zrozumiał, że w słowach Lorenza wypowiadanych po zabiciu Aleksandra chodzi o pierścień na palcu, a nie o palec (i gdyby w ogóle zrozumiał urwaną scenę), to czy wyrzucając pierścień – wraz z pamięcią o tym, że w naszej kulturze pierścień na palcu coś znaczy – nie obciąłby także palca?

Ale zatrzymajmy się teraz właśnie przy wizji reżyserskiej, o której mowa, wizji, w której nie jest ważny człowiek, ważne są wypadki. Wobec tego, że metodą konstruowania jej jest głównie skreślanie, powstaje pytanie, które można wyrazić słowami

Filipa z dramatu: „A kiedy już obalicie to, co istnieje, co dacie w zamian?"

W zamian! W złą godzinę powiedziane. Bo okazuje się, że pozytywne środki reżysera mające budować jego wizję *Lorenzaccia* to przede wszystkim dopisanie. Dopisanie końca wypadków – po skreśleniu tego, czym dramat kończy Musset.

U Musseta w ostatniej scenie, już po śmierci Lorenza, przy zaprzysięganiu we Florencji kolejnego, narzuconego przemocą księcia, ludzie zgromadzeni na placu cisną się ze wszystkich stron i wiwatują. W spektaklu warszawskim buntują się gwałtownie, wznosząc okrzyki republikańskie i wolnościowe. Tam – „Wiwat Medyceusz! Jest księciem, księciem! Wiwat, jest księciem". Tu – „Śmierć Medyceuszom!" „Niech żyje wolność!" (te okrzyki jako takie są wprawdzie autorstwa Musseta, ale włożył je on w usta pijanych biesiadników w akcie III, wyszydzając tego rodzaju gotowość do walki o republikę i wolność). A także parę innych okrzyków w tym samym duchu, których – jak „Chcemy wybierać Radę Ośmiu!" czy finalne „Uzurpator!" – nie ma w tekście Musseta nigdzie. W taki sposób, na zakończenie, dramat totalnej rozpaczy – tak zbudowany, aby okazało się, że wypadki potoczyły się jeszcze gorzej, niż przewidywał Lorenzo, gdy zakładał się z Filipem, że po zabiciu przezeń Aleksandra ani republikanie, ani lud nie uczynią nic – zagrany został jako dramat nadziei naszych czasów. Wiem, to wszystko ma być – według formuły umieszczonej na afiszu – „opracowaniem tekstu" i reżyserią, a nie tylko reżyserią. Jednak w staromowie nazwałoby się chyba takie przeinaczenie tekstu przeróbką? Nawet najbardziej zasłużona dla skreśleń instytucja, jaką dotąd wynaleźli ludzie, wyrzuca wprawdzie, co jej nie odpowiada, ale jeszcze nie wpisuje autorowi w to miejsce tego, co po jej myśli. Nawet najbardziej twórczy, śmiały i wizjonerski reżyser, pragnąc wyrazić nadzieję, nie wybiera arcydzieła rozpaczy absolutnej.

Przy tym wszystkim, może jednak nie o to nawet w przedstawieniu chodzi. Może doszukuję się myśli tam, gdzie w ogóle żadnej myśli nie ma. Może właśnie jest to po prostu samowywłaszczanie się z wszystkiego, o którym mówiłam już na początku. Własnowolne wyzbywanie się kultury. Bo spójrzmy jeszcze.

Oto choćby scena pozorowanego pojedynku między Lorenzem a zbirem Scoronconcolem, gdy Lorenzo wpada w gorączkowy monolog zemsty. Po jego słowach: „O moja zemsto! jak długo rosną ci pazury!" reżyser skreślił: „O zęby Ugolina! trzeba wam czaszki, czaszki!" – pozostawił natomiast późniejsze: „Ach, czaszka, czaszka!" I Lorenzo, wykrzykując na scenie warszawskiej owo „czaszka, czaszka!", słusznie chwyta się rękami za własną czaszkę. Bo wraz z Dantem i sensem wyrzucona została ze spektaklu znowu – nie pierwszy raz i nie ostatni – pamięć kultury. Pozostał zbiór kości aktora, tyle że akurat ozdobiony prześlicznymi włosami. Jest to całkowicie zgodne z główną zasadą tego przedstawienia, że dusza ludzka nie istnieje. Istnieje tylko taki czy inny, ogołocony z duszy, bo ogołocony z kultury, fragmentaryczny szczątek ludzki. A to palec, a to czaszka, a to – jak znów okazuje się kiedy indziej – uszy. Bo w scenie, w której książę żąda od Lorenza, aby ten umożliwił mu schadzkę z Katarzyną, do końcowych słów księcia: „Powiedziałem ci, wstaw się za mną u ciotki", reżyser dopisał – chyba w imię tej zasady, bo jakiej? – „albo oberwę ci uszy". Co nadto uwydatnione zostaje wyrazistym i ważkim, jako że kończącym całą scenę, gestem. A więc nareszcie wiemy teraz naprawdę, dlaczego Lorenzo znalazł się w sytuacji bez wyjścia i musiał ostatecznie zabić Aleksandra. Poszło o uszy!

Jeżeli reżyserowi poszło w tym wszystkim o widownię – co do której założył, że to ona jest na tym poziomie kultury – to jednak nie warto zbyt pochopnie rozstrzygać, co widz zrozumie, a czego nie zrozumie. Widz rozumie nawet, dlaczego pan Ferency, zwracając się jako książę Florencji do niby to omdlałego z lęku przed szpadą Lorenza, popełnia niebłahą omyłkę i mówi: „No, drogi Lorenzetto" – zamiast „droga Lorenzetto", jak powinien – „każ się zanieść do domu twojej matki". Widz bowiem rozumie, że ogląda spektakl grany na poziomie błędów drukarskich zawartych w tomiku PIW-owskim, w którym opublikowany został przekład sztuki. Niemożliwe przecież, aby figurujący tam błąd był omyłką tłumaczki.

Oczywiście nie z powodu tego jednego miejsca (*Allons, chère Lorenzetta, fais-toi emporter chez ta mère*) rolę Lorenza grały w teatrze francuskim zgodnie z długą tradycją kobiety. Powiedzenie to jest jednak niezmiernie ważne, bo dokonuje się tu (nie jedyny raz w dramacie) coś bardzo szczególnego. Ma ono dwojaki sens. I w jednym sensie – jawnym – jest nieprawdą, a w drugim – ukrytym – prawdą. Tak głęboką, że może być właśnie przekazana tylko nie wprost, pod powierzchnią nieprawdy, niemal niepostrzeżenie, niemal poniżej poziomu świadomości. Aleksander jest w błędzie, szydząc w ten sposób z Lorenza jako mamincóreczki. (Boy świetnie uwydatnia ton, o który chodzi: „No, droga Lorenzetto, każ się zanieść do m a m u s i"). To nie jest prawda, w sensie, jaki ma na myśli Aleksander. Jednak zarazem to j e s t prawda, w innym sensie, który przekazuje nam, widzom (a nie współuczestnikom dramatu) Musset (a nie Aleksander): Lorenzo jest w głębi swego „ja" bardzo młody. Nie jest niemęski; jest w szczególny sposób nie-dorosły. Jego dramat to w istocie rozpaczliwe pasowanie się z tą szczególną nie-dorosłością. To rodzaj *pamiętnika z okresu dojrzewania* – albo, jak Gombrowiczowski tytuł oddają Francuzi, *pamiętnika z okresu niedojrzałości* – podobny w tym do innych wielkich dramatów romantycznych. To dramat niemożności zyskania autentycznej tożsamości własnej, autentycznego, w pełni podmiotowego „ja". W przedstawieniu nic z tego nie ma.

Ale w końcu, co dzieje się w spektaklu warszawskim z tym, co ani skreślone, ani dopisane, ani tak czy owak pomylone lub jeszcze inaczej przeinaczone, lecz co się jakoś ostało?

Ostała się na przykład w znacznej części scena między Lorenzem a młodym malarzem Tebaldeem. Jest to scena-klejnot, mieniąca się od przebogatych znaczeń, jedna z najważniejszych i najwspanialszych artystycznie w całym dramacie. Scena, w której chodzi o tajemną, a zarazem przeciwnie, z niezrównaną subtelnością wyjawianą, najgłębszą głąb duszy bohatera. Reżyser obmyślił ją na odmianę w taki sposób, jakby chodziło w niej o kije.

O kijach tu rzeczywiście w pewnej chwili mowa. Zanim wszakże dojdziemy do tych słów, przenieśmy się znowu na moment do teatru Musseta.

Lorenzo, młody, ale teraz, na dworze księcia Florencji, zniszczony już – wychudły, blady, o pożółkłych policzkach i z podbitymi sino oczami, „chodzące «nazajutrz» hulanki"[5] – spotyka promienne zjawisko: młodego artystę, oddającego się w samotności dobru i pięknu. A więc spotyka w nim sobowtóra, spotyka jakby odmianę własnego, dawnego „ja" („...byłem piękny, spokojny i cnotliwy", „kochałem kwiaty, łąki i sonety Petrarki..."). Spotyka jeszcze jednego Celia. I między nimi rozegra się prawdziwy teatr wewnętrzny.

On bowiem, Lorenzo, kim jest teraz? W której z tych dwu postaci mieści się podczas tego spotkania jego autentyczne „ja"? Głosem której z tych dwu postaci przemawia? Gdy Tebaldeo mówi do Lorenza, to kto mówi do Lorenza – ktoś inny, czy on sam, część jego własnego „ja"? Gdy Lorenzo ściera się z Tebaldeem, gdy atakuje go ze wściekłą ironią, to z kim się ściera, kogo atakuje – kogoś innego, czy samego siebie, część własnego „ja"? Czy to dialog, czy też zdialogowanie wewnętrzne?

Coś takiego znamy przecież nie tylko w teatrze naszych czasów; znamy, odkąd teatr istnieje. Takie rozszczepianie bohatera na wiele postaci, wiele głosów wewnętrznych. „Enona jest tylko najgorszą częścią Fedry samej", pisze gdzieś Proust. Tebaldeo jest tylko najlepszą częścią samego Lorenza... Misterna sieć więzi sobowtórowych między postaciami jest w tym dramacie oczywiście gęstsza. Cały dramat jest z nich utkany. *Lorenzaccio* – jak niektóre sztuki Szekspira i jak niektóre inne dra-

[5] Przekład Boya.

maty romantyczne, a w naszych czasach choćby dramaty Gombrowicza – oparty jest na grze luster.

Tonacja całej sceny została przez Musseta poddana na początku, gdy Tebaldeo jeszcze milczy, przysłuchując się rozmowie między Lorenzem a Valorim, nieznany im obu (ta i następna część sceny została z warszawskiego spektaklu usunięta):

> L o r e n z o Zapewne, Eminencjo, twoje słowa są wielką prawdą, ale i wielkim fałszem, jak wszystko na świecie.

W takiej tonacji zatem mamy słuchać wszystkiego, co usłyszymy w tej scenie.

Potem, jak w wielogłosowej muzyce, poddany zostaje temat. W głosie Tebaldea, zwracającego się do Valoriego:

> T e b a l d e o *podchodząc do Valoriego* Ach, Eminencjo, jak rad jestem, że Wasza Dostojność w ten sposób mówi o świętej tolerancji i wzniosłym podziwie! Daruj nieznanemu człowiekowi, w którym płonie boski ogień, że podziękuje ci za twoje słowa. Usłyszeć z ust szlachetnego człowieka to, co samemu ma się w sercu, to największe szczęście, jakiego można pragnąć.

A potem, pod koniec sceny, kiedy toczy się ona już tylko między Tebaldeem a Lorenzem (ta część sceny w spektaklu warszawskim pozostała), po wszystkich głosach burzy walczącej z uciszeniem i uciszenia odpierającego burzę – wraca temat, tyle że teraz ukryty i w postaci odwróconej.

> L o r e n z o Twój kaftan jest zniszczony; chcesz nowy w barwach mojej służby?
> T e b a l d e o Nie należę do nikogo. Kiedy myśl chce być wolna, ciało musi być wolne także.
> L o r e n z o Mam ochotę powiedzieć memu lokajowi, żeby ci zaaplikował kije.
> T e b a l d e o Dlaczego, Wasza Dostojność?
> L o r e n z o Dlatego, że przychodzi mi to do głowy. Czy kulejesz od urodzenia czy z wypadku?

Co się tu stało? Co przyszło Lorenzowi do głowy? Czemu na głos Tebaldea odebrzmiał tak gwałtownym gniewem? I gdzie tu pojawia się na powrót temat?

Lorenzo usłyszał z ust Tebaldea coś, co sam ma w sercu. To mu przyszło do głowy: że w głosie Tebaldea usłyszał własny, tajony głos. O sobie. Tajony, bo aż tak bolesny. Bo mówiący mu o nieuchronności własnej klęski. Kiedy myśl chce być wolna, ciało musi być wolne także. Są to najważniejsze słowa, jakie ktokolwiek skierował do Lorenza w całym dramacie, chociaż jest to głos cudzowłasny. I choć w innym sensie powiedział je Tebaldeo, w innym odebrał Lorenzo. W jakim? Wyjawi nam to Musset później, gdy Lorenzo, w szczytowych momentach swoich zmagań wewnętrznych odsłanianych przed Filipem, będzie powtarzał: „ale ja lubię wino, grę i dziewki, rozumiesz?" I kiedy cały swój dalszy los ukaże Filipowi w perspektywie tej jednej wewnętrznej niemożliwości: „gdyby moja praktyka w występku mogła się rozwiać w nicość"[6]...

Lorenzo usłyszał z ust Tebaldea coś, co sam ma w sercu, ale budzi to nie jego wdzięczność i szczęście. Temat jest odwrócony. Budzi jego wściekłość, bo budzi rozpacz.

Podobnie Filip – później, w wielkim dialogu z Lorenzem w akcie II – odebrzmi gniewem na słowa Lorenza, w których wyczuwa niejasno, nie w pełni świadomie, głos własnej prawdy wewnętrznej (podkreślenia moje):

> Filip Jeśli te ciemne słowa kryją coś, co potrafię zrozumieć, mów; osobliwie mnie drażnisz.

Chwilę przedtem zaś usłyszeliśmy:

> Filip Ledwo rozumiem, co mówisz, i boję się rozumieć, nie wiem dlaczego.

Boi się rozumieć, bo czuje niejasno, że w głosie Lorenza słyszy to, co sam ma w sercu, a co tai sam przed sobą.

[6] Przekład Boya.

W *Lorenzacciu* raz po raz i na wiele sposobów ktoś mówi komuś to, co ten sam ma w sercu.

> Scoronconcolo Wierzaj mi, panie: nic gorszego niż żyć z wielką nienawiścią.

Tak powiada zbir do Lorenza. (W spektaklu warszawskim te słowa – sedno relacji dramaturgicznej między tymi dwiema postaciami – zostały ze sceny między Lorenzem a Scoronconcolem wyeliminowane.) Nie wie, że jeśli Lorenzo o czymś wie, to właśnie o tym. Całym sobą, z pełną świadomością. I dlatego na to, co mówi Scoronconcolo, nie wybuchnie gniewem. „Odgadłeś moją chorobę”... Choć i tym razem w innym sensie mówi Scoronconcolo, a w innym, przesuniętym, jemu samemu tylko wiadomym, odpowiada mu Lorenzo. W Scoronconcolu spotyka on także swojego sobowtóra, ale sobowtóra ucieleśniającego jego drugie, przeciwstawne „ja”. Spotyka postać, która uosabia w sposób wyjaskrawiony – z wyrazistością, jaka właściwa jest baśniom: zbir! – odwrotną stronę jego własnej osobowości.

> Scoronconcolo [...] Wierzaj mi panie: nic gorszego jak żyć z wielką nienawiścią. Albo na tej ziemi jest choć dwóch ludzi, żeby cień jednego nie wadził drugiemu? Twój lek jest w pochwie; pozwól, ja cię wyleczę.
> *Wyciąga szpadę*
> Lorenzo Czy ten lek pomógł kiedyś tobie samemu?
> Scoronconcolo Cztery albo pięć razy. [...]

Zbir Scoronconcolo to w dramacie Musseta jedno z luster, w którym Lorenzo może przejrzeć się na wylot, to znaczy właśnie aż na drugą stronę swego własnego, rozdwojonego „ja”. „Ja”, którego nie udaje mu się zintegrować. „Ja”, które przybiera to postać aż jakiegoś Ariela z baśniowej *Burzy* Szekspira (czy napowietrznego Celia), to aż jakiegoś Kalibana[7].

[7] W przedstawieniu warszawskim Scoronconcolo to była bardzo udana rola Jana Pęczka, który zdołał całością gry jak gdyby nadrobić wyłom

Tak więc – wracając teraz do sceny między Lorenzem a Tebaldeem, który jest sobowtórową odmianą jego arielowego, celiowego „ja" – Lorenzo nie pragnie dziękować Tebaldeowi za jego słowa, jak Tebaldeo przed chwilą dziękował Valoriemu; przeciwnie, pragnie go ukarać.

> Tebaldeo [...] Kiedy myśl chce być wolna, ciało musi być wolne także.
>
> Lorenzo Mam ochotę powiedzieć memu lokajowi, żeby ci zaaplikował kije.
>
> Tebaldeo Dlaczego, Wasza Dostojność?
>
> Lorenzo Dlatego, że przychodzi mi to do głowy.

W teatrze Musseta między tymi kwestiami dzieją się całe światy wewnętrzne. W spektaklu warszawskim kwestie Tebaldea i Lorenza po prostu przelatują. W takim tempie i w taki sposób – Tebaldeo mówi sobie, a Lorenzo sobie – że niepodobna zrozumieć tego, co się dzieje, inaczej jak tylko tak, że istotnie chodzi o dziką fanaberię bezkarnego faworyta książęcego. Nie o głąb duszy. O kije.

Toteż koniec końców w przedstawieniu w Teatrze Współczesnym najlepsze było to, co bezsłowne: muzyka Jerzego Satanowskiego, tonacja kolorystyczna dekoracji Wiesława Olki, prywatna uroda Krzysztofa Kolbergera, prywatna, bo wbrew dramatowi („nawet piękny już nie jest"). I jeden bezsłowny moment akcji, przynajmniej jednego wieczoru. Moment prawdziwie przejmujący, w którym, jak mi się zdawało, aktor grający główną rolę zdołał na chwilę, wbrew wszystkim stwarzanym mu niemożliwościom, uchwycić autentyczny kontakt z rzeczywistością wewnętrzną stwarzanej postaci. Był to jego oddech – słyszany w długiej, bezgłośnej, mrocznej i niemal znieruchomiałej scenie zabijania, przed zadaniem ostatecznych ciosów. W tym oddechu pojawiło się właśnie – na chwilę, ale za to w pełni – autentyczne tchnienie

dramaturgiczny spowodowany przez eliminację najważniejszych słów zbira w sobowtórowej scenie z Lorenzem.

duszy ludzkiej. I wtedy także aktor ukazał twarz – lecz może w mroku rzutowałam na nią własną wizję duszy bohatera? – którą Lorenzo skrywa najgłębiej w ciemnościach swego dramatu. Ledwo młodzieńczą twarz, twarz niemal dziecka jeszcze, przerażonego do ostateczności sobą, bo przerażonego do ostateczności odsłaniającym mu się obliczem najbliższego w życiu człowieka.

Kto był tym najbliższym w życiu Lorenza człowiekiem? Aleksander, tak, to w jego oblicze patrzył teraz. W jego osobę wczepił się od pewnego czasu tak mocno, że aż zlał się z jego osobowością, przejął w siebie jego występne „ja", sam również stał się występny. Coś takiego dokonuje się właśnie wtedy, gdy drugi człowiek staje się dla nas kimś najbliższym w życiu. Zatraca się wtedy granica między „ja" a „nie-ja". Ale oblicze Aleksandra Lorenzo znał. Czyje więc przerażające oblicze odsłoniło mu się teraz w obliczu Aleksandra? I czy je rozpoznał, czy uprzytomnił sobie, kogo w nim zobaczył? Kto przesądził – niegdyś, dawno – o jego, Lorenza, życiu?

Oto zagadka życia Lorenza. Ta sama, o której wspomina on, kiedy pragnie przekonać Filipa, że musi zabić Aleksandra: „chcesz, bym pozwolił umrzeć w milczeniu zagadce mego życia?" Ta sama, o którą – już po wszystkich sporach z Filipem, w których przedkładał mu swoje racje – sam siebie pyta w monologu: „Co uczynił mi ten człowiek? Kiedy kładę rękę na sercu, kiedy się zastanowię... Jutro, gdy usłyszą ode mnie: «Zabiłem go», kto nie zapyta: «Dlaczego zabiłeś?» Dziwne. Czynił zło innym, ale dla mnie był dobry, przynajmniej na swój sposób. Gdybym pozostał w mej samotni w Cafaggiuolo, nie przyszedłby tam po mnie; to ja odnalazłem go we Florencji. Dlaczego?"

Lorenzo zabił Aleksandra, ale nie wyjawił tym zagadki swego życia, nie przerwał spowijającego ją milczenia. Bo też o czym dramat Musseta krzyczy, o tym milczy.

II

Boy-Żeleński pisał, że *Lorenzaccio* wydawał mu się zawsze trochę zimny. Może dlatego, że rozpacz absolutna jest zimna, mówimy wszak o kamiennej rozpaczy. Może jednak także dlatego, że chyba tego dramatu nie zrozumiał. Jego zdaniem Musset, pisząc *Lorenzaccia*, zbyt wiele z siebie wkładał w słane jednocześnie do Wenecji listy osobiste – które dla Boya były wyrazem wielkiej namiętności poety – aby mógł włożyć równie wiele w ten dramat (ale i listów Musseta Boy chyba nie zrozumiał).

Tymczasem przeciwnie, listy wymieniane wówczas przez poetę z George Sand i *Lorenzaccio* stanowią właśnie jedno, i to w sposób naprawdę przedziwny, może jedyny w dziejach literatury, w dziejach tego, co zwykło się nazywać *życiem i twórczością*... Dojrzeć to można jednak tylko wtedy, gdy listy owe – historię miłosną – czyta się oczyma nawykłymi dostrzegać w historiach miłosnych, w miłosnych dramatach, pasowanie się człowieka z sobą samym, ze swoim najgłębszym „ja", wewnętrzny dramat osobowości. Nie tylko wzajemne pasowanie się ze sobą dwojga ludzi, ale pasowanie się z własnym „ja", po obu stronach.

U Musseta dokonuje się to w tej historii z taką rozpaczą dotyczącą jego samego, własnego „ja", że głos jego w pisanym wówczas *Lorenzacciu* bije aż w niebiosy. Jako pytanie, wokół którego skupiony jest wielki monolog Filipa otwierający akt II, pytanie, dla którego w ogóle cały dramat został napisany: „Czy zepsucie jest prawem natury?"

I Filip, człowiek, który powiada: „Lecz straszne byłoby [...] uwierzyć, że zło jest nieodwracalne, wieczne, niezmienne...", Filip – człowiek czysty, wypowie później sam te straszliwe słowa: „O, niech zabijają, niech mordują, ale nie moje dzieci, nie moje dzieci!" Nawet w człowieku czystym – który wyrzuca sobie jedynie marzycielstwo – zakrzyczy zło. (Tych straszliwych słów – momentu dramaturgicznego, w którym upada nawet sprawiedliwy – w warszawskim spektaklu nie ma.) „Jaką otchłanią jest życie!" – powie nad sobą samą margrabina Cibo. Ale ona jest świadoma tego, że popełnia zło – którego nie chce popełnić, a które zarazem pociąga ją z nieodpartą siłą. „Ach, i dlaczego jakiś niepojęty czar, jakiś magnes mnie ku temu wszystkiemu przyciąga!" Podobnie jak nie chce popełnić zła, które zarazem pociąga go z nieodpartą siłą, Lorenzo: „Wciąż lubię wino i kobiety; to dość, co prawda, aby uczynić ze mnie rozpustnika, ale nie dość, abym chciał nim być". Nawet Aleksander, samo wcielenie zła w tym dramacie, mówi na czynione mu przez margrabinę wyrzuty: „Wszystko to przychodzi mi czasem do głowy"... (Tej dramaturgii samoświadomości ludzkiej, która – ku tym głębszej rozpaczy – nie chroni przed popełnieniem zła, w przedstawieniu warszawskim także nie ma, poza szczątkiem w słowach Lorenza.)

Gdy George Sand i Musset zdecydowali – już po jej powrocie z Wenecji do Paryża i ponownej próbie wspólnego pożycia – że rozstaną się ostatecznie, ona pisała do niego: „Mój Boże! Jakiemuż życiu cię zostawiam? Hulanki, wino i dziewczęta"... Ale nie było to nic nowego w życiu Musseta – i podczas trwania tego związku. Tak było na końcu, bo tak było na początku. Od takiego życia Musset podczas wspólnego pobytu w Wenecji omal nie postradał życia, w najdosłowniejszym sensie słowa. Gdy w *Lorenzacciu* bohater mówi z rozpaczą: „lubię wino, grę i dziewki", brzmieć to może dla kogoś – i brzmi w spektaklu warszawskim – jak literatura, ale jest w tym autentyczna męka ludzka. Taka czy inna męka każdego człowieka, takie czy inne zniszczenie dotykające każdego z nas.

Tak było na końcu, bo tak było na początku. W jednym z pierwszych listów, wkrótce po poznaniu George Sand, kiedy Musset pisał do niej jeszcze – „drogi Jerzy" – w formie *vous*, czytamy: „Pamięta pani, powiedziała mi pani pewnego dnia, że ktoś panią pytał, czy jestem Oktawem, czy Celiem, i że pani odpowiedziała: «sądzę, że i jednym, i drugim». – Moje szaleństwo polegało na tym, że ukazałem pani, mój Jerzy, tylko jednego w sobie, a gdy przemówił drugi, pani odpowiedziała mu jak"... Tu część karty rękopisu została przez Musseta wycięta[8]. I nie dowiemy się już nigdy, co Musset w tym momencie uważał być może za błąd ze strony George Sand, choć wiemy, co w tym momencie uznawał za błąd ze swojej strony. Ale później, pisząc do niej już po wspólnym pobycie w Wenecji i po pierwszym rozstaniu, widział to w taki sposób: „Było we mnie dwu ludzi, jak mi to często mówiłaś, Oktaw i Celio. Patrząc na ciebie, czułem, że pierwszy umiera we mnie, lecz drugi, który się rodził, umiał jeszcze tylko płakać lub krzyczeć jak dziecko".

Wiemy jednak, mimo tamtego cięcia w rękopisie, jak odpowiadała George Sand Mussetowi, gdy dochodził w nim do głosu Oktaw. Odpowiadała jak człowiekowi choremu na duszy. A właściwie jak choremu na duszy dziecku. Jak komuś, kto napotkał wielkie przeszkody w dorastaniu, w zyskiwaniu dojrzałości wewnętrznej.

„Dobro, zło! Po raz pierwszy męczą mnie te pojęcia. Nim cię poznałem, aby ci sprawić tyle bólu, moja najdroższa, nigdym o nich nie pomyślał. Zło było dla mnie niskim potworem, apokaliptyczną bestią, kalającą ludzi z nieczystych, najniższych sfer społeczeństwa. Zło! Zło! Czyż mogło mieć coś wspólnego ze mną, wiodącym eleganckie życie paryskiego pięknisia, szlachetnego syna Muz?" To Wawrzyniec (Laurent, francuska wersja imienia Lorenza) z powieści George Sand *Ona i on*[9].

„Myślałem, że zepsucie jest stygmatem i że tylko potwory mają go na czole". To Lorenzo z dramatu Musseta.

[8] Wydawca komentuje: „Wydaje się, że Alfred de Musset chciał wyciąć to wszystko, co zawierało nazwiska osób" (cięcie bowiem zaczyna się po przyimku *à*, co wskazuje, że mogło o to chodzić – ale nie musiało). Fragmenty listów Musseta i George Sand przytaczam w przekładzie własnym według wydania: *Correspondance de George Sand et d'Alfred de Musset*, publiée integralement et pour la première fois d'après les documents originaux par Fèlix Decori [...], nouvelle édition, E. Deman, Bruxelle 1904.

[9] Wszystkie cytaty z tej powieści (*Elle et lui*) podaję w przekładzie Ireny Krzywickiej opublikowanym w Warszawie u F. Hoesicka w 1934 roku.

„Będąc z tobą, przestałem być libertynem bez serca". To list Musseta do George Sand, pisany z Paryża do Wenecji, po pierwszym rozstaniu, gdy pomiędzy tym dwojgiem ludzi trwała wciąż więź przyjaźni. I jeszcze, w tym samym czasie: „To nie jest tedy sen, bracie drogi. Ta przyjaźń, która przetrwała dłużej niż miłość, a z której świat tak sobie drwi, i z której sam drwiłem, ta przyjaźń istnieje. [...] Co dzieje się we mnie, moja przyjaciółko? Widzę rękę Opatrzności, tak jak widzę słońce. [...] Teraz skończone na zawsze, skończyłem nie z przyjaciółmi, ale z życiem, jakie z nimi wiodłem. Teraz niemożliwe już, abym do tego powrócił, jestem tego pewien; jakże rad jestem, że próbowałem! Bądź dumna, mój drogi i wspaniały Jerzy, zrobiłaś człowieka z dziecka".

Miało się wszakże okazać niebawem, że Musset wrócił jednak do tego, co wydawało mu się już niemożliwe. „Jakiemuż życiu cię zostawiam? Hulanki, wino i dziewczęta, znowu, zawsze i wciąż!" Podobno we Francji istnieje podział na stronników Musseta i stronników George Sand – w historii ich więzi. Rzecz zadziwiająca wobec faktu, że sami uczestnicy dramatu, on i ona, są dokładnie po tej samej, jednej, identycznej stronie. Są całkowicie zgodni w spojrzeniu na jego istotę.

Rzecz zdumiewająca, że można przeciwstawiać to, co ukazane z ich dramatu w *Spowiedzi dziecięcia wieku* (pytał, czy zgadza się, aby opisał ich historię w powieści, „może mnie to uleczy") – i to, co z tego dramatu ukazane w powieści *Ona i on*. To jest ta sama historia wewnętrzna, tylko ujęta w różne fabuły zewnętrzne. Tych dwojga ludzi nie dzieliła różnica zdań; dzieliła różnica możności wewnętrznych.

„Biedne dziecko", pisała George Sand do Musseta, zrozpaczona nim, decydując się wyjechać z Paryża ostatecznie, uznając ostatecznie (po paru wcześniejszych rozstaniach i powrotach) niemożliwość związku. „Twój biedny stary zając", podpisał się Musset w liście słanym równocześnie, zrozpaczony sobą, na odjezdnym. Niegdyś, na początku, jeden ze swoich pierwszych listów zakończył słowami: „kocham panią jak dziecko".

Dziecko w człowieku dorosłym i zając w człowieku dorosłym to w dużej mierze wykłada się na jedno. Desperacka ucieczka przed drugim człowiekiem – którego przedtem przyciągało się ku sobie z równie desperacką siłą, tak jak desperacka ucieczka w hulanki, wino i dziewczęta, to desperacka ucieczka przed sobą samym, a więc rozpaczliwa niemożność poradzenia sobie z sobą samym. Rzecz jednak jeszcze w tym, że dziecko w człowieku dorosłym raz przejawia się jako wcielenie lęku, a raz przeciwnie, nie jako zając, lecz jako bestia.

„Przypomnij sobie swoją rozpacz i wszystko, co mi mówiłeś, aby mnie przekonać, że jestem ci niezbędna, że beze mnie zginiesz; a ja byłam tak szalona, że jeszcze raz chciałam cię uratować. Ale giniesz teraz jeszcze bardziej niż przedtem, skoro, gdy tylko doznasz zaspokojenia, zwracasz przeciwko mnie swoją rozpacz i wściekłość". To także w jednym z ostatnich listów George Sand do Musseta.

A oto znowu powieść *Ona i on*: „Wawrzyniec podlegał nieubłaganej konieczności. Mówił to sam w chwilach rozjaśnienia świadomości. Można by myśleć, że zrodzony z obcowania aniołów, wyssał mleko jakiejś furii i że został mu we krwi zarodek wściekłości i rozpaczy".

Z kolei *Lorenzaccio*. Jeszcze raz monolog Lorenza skupiony wokół pytania, dlaczego chce zabić Aleksandra. Oto początek.

> L o r e n z o *sam* O jakim tygrysie śniła moja matka, gdy nosiła mnie w łonie? Kiedy pomyślę, że kochałem kwiaty, łąki i sonety Petrarki, widmo mojej młodości staje przede mną całe drżące. O Boże! dlaczego na słowa: „Dziś wieczór", radość paląca jak rozżarzone żelazo przenika mnie do szpiku kości? [...] Z wnętrzności jakiego drapieżnego zwierzęcia począłem się tedy, z uścisków jakiej włochatej bestii?[10]

[10] Ostatnie zdanie próbuję oddać w przekładzie własnym, ale i tej wersji – podobnie jak wersji Boya i Joanny Guze – nie można uznać za zadowalającą.

I na koniec jeszcze raz *Ona i on*:

> Taki był Wawrzyniec i z pewnością walczyło w nim dwóch ludzi. Można by powiedzieć, że dwie dusze ubiegając się o owładnięcie jego ciałem, wypowiedziały sobie zażartą walkę i nawzajem chciały się zniszczyć. Pośród tych sprzecznych zmagań nieszczęśliwy tracił zdrowy sąd i padał wyczerpany, czy to anioł, czy szatan brał nad nim górę.
>
> A kiedy sam się analizował, czytał jakby w magicznej księdze i dawał ze wspaniałą i przenikliwą jasnością umysłu klucz do tego tajemniczego spisku, jakiego padał ofiarą.
>
> – Tak – mówił do Teresy – podlegam fenomenowi, który cudotwórcy nazywali *opętaniem*. Dwa duchy walczą o mnie. Czy doprawdy jeden jest zły, a drugi dobry? Nie, nie sądzę; ten, który cię przestrasza, sceptyczny, gwałtowny, straszny, postępuje źle, bo nie może robić według swego rozumienia. Chciałby być spokojny, filozoficzny, wesoły, tolerancyjny, ale ten drugi nie chce mu na to pozwolić. Ten drugi chce wypełniać godnie rolę dobrego anioła: chce być płomienny, entuzjastyczny, wyłączny, poświęcający się, ale że znów tamten drwi z niego, rani go, zaprzecza mu prawa do życia, więc i on z kolei staje się ponury i okrutny. I tak się dzieje, że są we mnie dwa anioły, ale tworzą razem demona.
>
> I Wawrzyniec mówił i pisał na ten dziwny temat do Teresy rzeczy równie piękne jak przerażające. Wydawały się prawdziwe i nadawały jakby uprawnienie bezkarności, którą sam sobie przyznawał.

Bezkarność przyznawał sobie także bohater opowiadania Musseta *Dwie kochanki*, w którym wielki Mussetowski temat człowieka rozdwojonego w sobie przeprowadzony został na odmianę w zwodniczo sielankowej tonacji.

> Żyli w nim – jeżeli tak można się wyrazić – dwaj odmienni ludzie. Jednego dnia swawolny, wesoły hulaka, w kapeluszu na bakier, mógł być wzięty za eleganta z dawnych czasów rewolucji, nazajutrz z książkami pod pachą, przeinaczał się w skromnego, prowincjonalnego żaka. [...] Rozsądny – wartogłów, powściągliwy – lekko-

duch, uczuciowy – zawadiaka, oto portret mojego bohatera. Natura obdarzyła go szczodrze, losy poskąpiły, zamiast więc wybierać, łączył jedno z drugim. Rozwaga, spokój, chwila zastanowienia, nie zdołały pokonać w nim żądzy życia i na odwrót, w chwilach najwyuzdańszych szaleństw nic by nie stłumiło głosu serca. Ni z jednym, ni z drugim nie walczył i w ten sposób prowadził podwójne, dopiero co opisane życie, w ciągłej z samym sobą niezgodzie[11].

III

W *Lorenzacciu* bohater, tragicznie rozdarty między swoje dwa przeciwstawne „ja", tragicznie ścierający się raz z jednym, raz z drugim, nie przyznaje sobie tej bezkarności. Przeciwnie, rozpacz jego wzmaga jeszcze fakt, że nikt nie waży się go ukarać. I w końcu ginie. Tyleż śmiercią z cudzej ręki, co z własnej. Tyleż śmiercią rozpaczy ostatecznej, co śmiercią-samoukaraniem, bo szczególnym rodzajem samobójczej śmierci. Ale samobójczej nie tylko dlatego, że w jednej z ostatnich scen dramatu wyrusza na ulice Wenecji, wiedząc o czyhających mordercach; i nie wtedy dopiero[12]. Tak było na końcu, bo tak było na początku. „Odkąd ten mord niby żałobny kruk pojawił się na mej drodze, jestem już tylko ruiną". Jeżeli jednak tak, to jak to się stało, że na jego drodze pojawił się ten mord? Kiedy? I dlaczego?

[11] A. de Musset, *Podwójna miłość* (*Les Deux Maitresses*), tłumaczył Edward Żeleński, Księgarnia W. Zukerkandla, Lwów–Złoczów br.
[12] W znanej mi tylko z opisu (B. Masson, *Musset et le théâtre intérieur*, Lille 1973) słynnej inscenizacji *Lorenzaccia* w teatrze Za Branou w Pradze, w reżyserii Otomara Krejči, w 1969 roku, Lorenzo ponosi na końcu śmierć z ręki własnego sobowtóra-cienia (który towarzyszył mu przez cały czas spektaklu), a więc sam się zabija. I jest to głęboka prawda jego wewnętrznego dramatu, uwydatniona w tym spektaklu środkami *par excellence* teatralnymi. Tak stało się na końcu, bo tak działo się od początku. Podobnie jak działo się to od początku z Wawrzyńcem w powieści *Ona i on*: „jeśli cię wyratuję od samobójstwa, któregoś dokonywał na samym sobie, kiedym cię poznała"...

Aby spróbować tego dociec, trzeba wsłuchać się w opowieść Lorenza o dziwnej nocy spędzonej przezeń w ruinach rzymskiego Koloseum, kiedy to właśnie owładnęła nim nagle myśl o mordzie. Zanim to jednak uczynimy, jeszcze chwila.

W Mussetowskich *Kaprysach Marianny* jeden z dwu bohaterów, Celio, również wyrusza ku czyhającym mordercom, aby dać się zabić, również ginie śmiercią, która jest tyleż dokonanym przez innych zabójstwem, co samobójstwem. I zdaje się nam, że wiemy, kiedy rzecz się dzieje i dlaczego. Nocą, pod oknem Marianny, źle zrozumiawszy jej słowa, Celio osądził, że został śmiertelnie zdradzony przez przyjaciela, Oktawa. Przeżycie, że oto nagle odsłoniło mu się prawdziwe oblicze najbliższego w życiu człowieka, w jednej chwili obróciło jego samego w ruinę. Zabiło na duszy. Wydanie się przezeń na śmierć czyhającym w ogrodzie mordercom było tylko dopełnieniem tamtej śmierci, wewnętrznej.

Ale gdy umiera Celio, Oktaw także nie może żyć. Te dwie postacie uosabiają jakby dwa bieguny jednej i tej samej osobowości ludzkiej.

> O k t a w [...] Celio był lepszą cząstką mnie samego; wraz z nim uleciała ona do nieba. Był to człowiek z innego wieku; znał uciechy i przekładał nad nie samotność; wiedział jak bardzo złudzenia są kłamliwe i przekładał swoje złudzenia nad rzeczywistość. [...] Ja nie umiem kochać; jeden Celio to umiał. [...] Ja jestem jedynie hulaką bez serca; nie szanuję kobiet; miłość, którą budzę, jest, jak ta, którą odczuwam, przelotnym pijaństwem snu. [...] Jestem prostym nikczemnikiem; nie pomściłem śmierci Celia. [...] Celio pomściłby mnie, gdybym zginął za niego, jak on za mnie. Ten grób mnie przynależy; mnie-to rozciągnęli pod tym zimnym kamieniem; na mnie-to wyostrzyli szpady; mnie zabili.

I ostatecznie:

> – Miejsce moje na ziemi jest puste[13].

[13] Fragmenty *Kaprysów Marianny* przytaczam w przekładzie Boya.

Tak dzieje się w zakończeniu dramatu. Ale od śmierci właśnie, i to szczególnej śmierci samobójczej, zaczyna się – w zwodniczej tonacji komediowej – pierwsze spotkanie owych przeciwstawnych sobowtórów, na samym początku sztuki:

> Celio Oktaw! ty szaleńcze! masz na cal różu na policzkach! Skąd ci się wzięło to przebranie? Nie wstyd ci, w biały dzień...?
> Oktaw Celio! Ty wariacie! masz cal blanszu na policzkach! Skąd ci się wzięła ta czarna przestronna szata? Nie wstyd ci, w pełnym karnawale...?
> Celio Co ty za życie pędzisz! Alboś ty pijany, albo ja sam.
> Oktaw Alboś ty zakochany, albo ja sam.
> Celio Bardziej niż kiedykolwiek, w pięknej Mariannie.
> Oktaw Bardziej niż kiedykolwiek, w cypryjskim winie.
> Celio Szedłem do ciebie, kiedy cię spotkałem.
> Oktaw I ja także szedłem do ciebie. Jakże się miewa mój dom? Od tygodnia go nie widziałem.
> Celio Pókiż to będzie trwało? Tydzień poza domem! zabijesz się, Oktawie.
> Oktaw Nigdy własną ręką, przyjacielu; wolałbym raczej umrzeć, niż targnąć się na własne życie.
> Celio Czyż ten sposób, w jaki je pędzisz, to nie jest czyste samobójstwo?

Ale przed samobójstwem przestrzega tu przyjaciela Celio – młodzieniec w żałobie. Sam bowiem pojawia się już w tej pierwszej scenie czarno odziany. Jakby już od początku dramatu nosił żałobę – po sobie samym? Podobnie jak w *Lorenzacciu* widmo dawnego, dobrego Lorenza, które ukazuje się pewnej nocy matce także czarno odziane? I jak nieodstępujący bohatera sobowtór w poemacie *Noc grudniowa,* nieodmiennie, w każdej z kolejnych strof, czarno odziany?... Postać Celia, którego widzimy w pierwszej scenie dramatu w czerni, i słowa Oktawa nad jego grobem w ostatniej scenie: „Ta alabastrowa urna okryta długim żałobnym welonem to jego wierny obraz", stanowią jedno. Tak było na końcu. Bo tak było na początku. I tak było na początku, bo tak było na końcu. W najgłębszych sferach naszego „ja" panuje inny czas niż na powierzchni wydarzeń. Nie czas postępujący naprzód, jakby po linii prostej, od jednego wydarzenia do następnego, ale czas jak gdyby kolisty; albo czas-grążenie się; albo czas-trwanie.

To, co w *Lorenzacciu* dzieje się na końcu, wydaje się jeszcze najjaśniejsze z całego dramatu.

> Lorenzo Piszą mi, że moja matka umarła. Chodź, przejdziemy się trochę, Filipie.
>
> Filip Błagam cię, Lorenzo, nie kuś losu. Wciąż kręcisz się po mieście, jakby ten wyrok śmierci nie istniał.

Wraz ze śmiercią matki umarło ostatecznie jedno „ja" Lorenza, owo pierwotne, dobre. Uosobione w matce, tym samym umarło wraz z nią. Ale wraz z jej śmiercią umarło po dwakroć, bo w drugi jeszcze sposób. To Lorenzo jest sprawcą choroby, a potem śmierci matki: sprawiły to jego czyny, a w końcu zabicie Aleksandra; wiedział, że dla matki uczynek ten będzie jednoznaczny: „Powtarzałaby tylko: zbrodnia! zbrodnia! do ostatniego tchnienia". Musi się więc ukarać za śmierć matki – i zarazem za śmierć swego dobrego „ja". Jednak pierwotne „ja" umarło w Lorenzu po trzykroć, gdyż dokonując zabójstwa Aleksandra, zabił je bezpośrednio w sobie samym. Tak więc śmierć matki jest obrazem, który jak gdyby pieczętuje tylko tę śmierć pierwotnego „ja" w osobowości Lorenza. Pieczętuje niemożliwość, z którą Lorenzo boryka się od początku – „nie mogę odnaleźć samego siebie, ani obmyć własnych rąk, nawet krwią!" – i która sprawia, że życie samo jest dla niego niemożliwe.

Niemożliwe bowiem jest dla niego zarazem życie ze swoim drugim, występnym „ja":

> Lorenzo [...] Wciąż lubię wino i kobiety; to dość, co prawda, aby uczynić ze mnie rozpustnika, ale nie dość, bym chciał nim być. Wyjdźmy, proszę.
>
> Filip Zabiją cię w końcu na tych przechadzkach.

O tym, że w pragnieniu Lorenza, aby zabić występnego Aleksandra, kryło się zarazem pragnienie, aby zabić siebie – bo zabić występne „ja" w sobie – wiemy od dawna; innego sposobu poradzenia sobie z nim, jak tylko przez śmierć, Lorenzo właśnie nie widział. W dramacie owa dwójjedność zabójczego czynu Lorenza ukazywana jest na wiele sposobów, z niezwykłą poetycką subtelnością. Także w kilku przedziwnych, a mogących ujść prawie niepostrzeżenie, porównaniach, w kilku przedziwnych obrazach. Choćby w obrazie, który kończy monolog Lorenza gotującego się do swego zabójczego czynu: „O, lękam się, że gdy wejdę do tego pokoju, zamiast szpady wyciągnę z pochwy miecz archanioła i padnę spopielony na ciało mojej ofiary". Padnie spopielony, on sam! Od własnego wymierzającego sprawiedliwą karę miecza. Choć zarazem to on właśnie jest owym karzącym archaniołem. On i jego ofiara to jedno...

Tak, coś takiego dzieje się zawsze w naszych najgłębszych sferach wewnętrznych. W sferach, w których przeciwieństwa stanowią jedność, w których panuje ambiwalencja. A przede wszystkim – w których nie istnieje przeciwieństwo między „ja" a „nie-ja", między tym, czy się jest sprawcą czynu, czy jego obiektem. Czy się zabija, czy jest zabijanym. Czy unicestwia się kogoś, czy siebie. Taki jest przecież sens owych słów Lorenza: „Odkąd ten mord niby żałobny kruk pojawił się na mej drodze, jestem już tylko ruiną".

W wielkim dialogu z Filipem w akcie II Lorenzo mówił: „Pytasz, dlaczego zabijam Aleksandra? Chcesz więc, bym się otruł lub skoczył do Arna?" Ta sytuacja, widziana na powierzchni wydarzeń jako sytuacja: albo on, albo ja, jest w głębi jednym i tym samym. Toteż po zabiciu Aleksandra szukający śmierci Lorenzo zostanie zamordowany i zawleczony – wprawdzie nie do florenckiego Arna, ale do laguny weneckiej. Aby dopełniły się ostatecznie jego słowa: „Odkąd ten mord niby żałobny kruk pojawił się na mej drodze, jestem już tylko ruiną".

Wraca zatem pytanie, kiedy ten mord stanął na drodze Lorenza i dlaczego, pytanie o ową dziwną zagadkę jego życia, o której mówi on tak niejasno Filipowi.

Oto jak Lorenzo przedstawia mu z kolei ten przełomowy moment w swoim życiu: „[...] [nagle], pewnej nocy, kiedy siedziałem na ruinach [starożytnego] Koloseum, wstałem, sam nie wiem dlaczego, wyciągnąłem ku niebu wilgotne od rosy ramiona i poprzysiągłem, że jeden z tyranów ojczyzny zginie z mojej ręki. Byłem spokojnym studentem, zajmowałem się tylko nauką i sztuką, nie potrafię powiedzieć, jak ta osobliwa przysięga zrodziła się we mnie".

Przedziwne. Przełomowy moment życia, moment, w którym Lorenzo, powziąwszy myśl o mordzie, stanie się już tylko ruiną – a on sam nie wie, skąd wzięła się w nim ta myśl. I my nie wiemy. Ale wiemy jedno. Pojawia się ona w Lorenzu nie na ludnych ulicach i placach współczesnego mu Rzymu (i oczywiście nie na ulicach i placach rządzonej przez Aleksandra Florencji), nie pośród dokonujących się na jego oczach żywych aktów współczesnej tyranii, lecz przeciwnie, gdy jest sam na sam z sobą, pośród opustoszałych pozostałości czasów dawno minionych, pośród wspomnień zatem, wspomnień o dawnej tyranii, dawnych jej męczeńskich ofiarach, ofiarach, które były pastwą dzikich bestii. I myśl ta pojawia się w nim nocą, a nie za dnia.

A więc jakaś niejasna p r z e s z ł o ś ć e m o c j o n a l n a Lorenza musiała ożywić się w nim w tym symbolicznym miejscu – w ruinach starożytnego Koloseum – i nocą. Jakaś sięgająca odległej przeszłości jego życia, ciemna, ukryta dotąd strona jego własnego „ja". Dochodząc do głosu, ale nie dochodząc do pełnej, wyraźnej świadomości.

W zewnętrznym obrazie tych dawnych ruin Lorenzo ujrzał chyba niejasno pewien obraz wewnętrzny; ujrzał, jaki ma w głębi duszy obraz siebie samego, obraz, o którym dotąd nie wiedział, że go ma. Obudziła się w nim niejasna myśl, że sam od dawna czuje się ruiną. Sam od dawna czuje się męczeńską ofiarą czyjejś tyranii czy dzikiego bestialstwa. („Wierzyłem w cnotę, jak męczennik wierzy w swego Boga", powie. Dziwne porównanie, skoro dotyczyć ma spokojnej i szczęśliwej młodości Lorenza). Tylko to tłumaczyłoby, dlaczego wszystko, co dzieje się w tym momencie z Lorenzem, będąc dla niego tak niezrozumiałe – i tak nagłe – jest zarazem tak przemożne. I dlaczego w opowieści Lorenza jasne obrazy jego dawnego „ja" i dawnego życia tak dziwnie, nie do pogodzenia, współistnieją z obrazami całkowicie przeciwstawnymi. „Moja młodość była czysta jak złoto", zaczyna on swoją opowieść (do czego nawróci za chwilę: „Byłem wówczas szczęśliwy, serce i ręce miałem spokojne"). A zaraz w następnym zdaniu: „Przez dwadzieścia lat milczenia piorun rósł w mojej piersi". Czyste złoto zatem było w istocie milczeniem. Skrywającym gniew, potrzebę odwetu na kimś za jakąś straszliwość, chęci mordercze. „I doprawdy, muszę być iskrą piorunu, skoro [nagle], pewnej nocy, kiedy siedziałem na ruinach [starożytnego] Koloseum, wstałem, sam nie wiem dlaczego, wyciągnąłem ku niebu wilgotne od rosy ramiona i poprzysiągłem, że jeden z tyranów ojczyzny zginie z mojej ręki". Ale o jaki odwet tu chodzi, na kim? O jaką przeżytą straszliwość?

Jeżeli reżyser, który chce wystawić *Lorenzaccia*, nie spróbuje odpowiedzieć sobie na to pytanie – niezależnie od tego, czy i jaką znajdzie odpowiedź – nie może po prostu tego dramatu wystawiać. Reżyser warszawskiego spektaklu nie tylko nie spróbował, ale tak przeinaczył tekst, aby stworzyć pozór, że pytania tego w ogóle nie ma. Potargał bowiem odpowiednio opowieść Lorenza na strzępki, a słowa: „poprzysiągłem, że jeden z tyranów ojczyzny zginie z mojej ręki" skreślił, wpisując w to miejsce: „poprzysiągłem, że tyran ojczyzny zginie z mojej ręki". Proste, jasne. Wyłącznie i od początku chodzi o Aleksandra (cały czas, jak już wiemy, grane tu jest *Zabójstwo Aleksandra*, a nie *Lorenzaccio*), jego przecież występki widzi Lorenzo tu i teraz, a my wraz z nim; nie ma żadnych tajemnic.

Wbrew temu, że najoczywiściej jest inaczej, że nie chodzi o Aleksandra. „Muszę wyznać, że jeśli Opatrzność natchnęła mnie myślą o zabójstwie tyrana, mniejsza o to, którego...” „Zrazu myślałem o zabiciu Klemensa VII”. To właśnie wtedy, w Rzymie. „Nie mogłem tego zrobić, bo wygnano mnie z Rzymu przed czasem”.

Musiano dobrze zrozumieć, co to znaczy, że Lorenzo postrącał głowy posągom na Łuku Konstantyna. „Podjąłem moje dzieło od nowa z Aleksandrem”. Toteż gdy Lorenzo będzie już bliski spełnienia tego dzieła, powróci do dręczącej go niewiedzy co do motywów własnego czynu: „Co uczynił mi ten człowiek? Kiedy kładę rękę na sercu, kiedy się zastanowię... Jutro, gdy usłyszą ode mnie: «Zabiłem go», kto nie zapyta: «Dlaczego zabiłeś?» Dziwne. Czynił zło innym, ale dla mnie był dobry, przynajmniej na swój sposób. Gdybym pozostał w mej samotni w Cafaggiuolo, nie przyszedłby tam po mnie; to ja odnalazłem go we Florencji. Dlaczego?”

A więc wciąż idzie tu o to samo pytanie: O kogo tedy naprawdę chodziło tamtej nocy spędzonej przez Lorenza w ruinach Koloseum, o czyją osobę? O jaką przeżytą przez Lorenza niegdyś, w przeszłości, straszliwość? Dlaczego w głębi duszy Lorenzo, jak się okazuje, czuł się już od dawna zrujnowany? Wbrew jasnym, spokojnym, szczęśliwym obrazom swego dawnego „ja” i dawnego życia poświęconego dobru i pięknu, wiedzy i sztuce?

Dlaczego od dawna, jak się okazuje z opowieści Lorenza, ma on w sobie dwa przeciwstawne „ja” i prowadzi dwoistą egzystencję, w dwu rzeczywistościach – śmierci za życia? Dlaczego jego pierwotne, dobre „ja” nie było nigdy, jak się okazuje, w pełni autentyczne? Kochał kwiaty, łąki i sonety Petrarki. A zarazem piorun rósł w jego piersi, trawiła go morderczość, obracał się w ruinę; od niepamiętnych czasów. Jak gdyby ucieleśniał swoimi losami tę wielką prawdę ludzką, o której powiada Pascal: „Człowiek nie jest ani aniołem, ani bestią, a nieszczęście polega na tym, że kto chce być aniołem, bywa bestią”. Autentyczna istota ludzka nie jest ani Arielem, ani Kalibanem, a nieszczęście polega na tym, że kto chce być Arielem, bywa Kalibanem.

Dlaczego jednak Lorenzo tak usilnie pragnął być aniołem, Arielem, Celiem? Dlaczego nabrał upodobania do samotności i pogrążył się w księgach, dlaczego stał się samą dobrocią („wszystko napawało go troską, powtarzał nieustannie: «Ten jest biedny, tamten zrujnowany; jak temu zaradzić?»" – jeszcze jedno świadectwo, że sam musiał czuć się w głębi duszy, acz w innym sensie, biedny i zrujnowany), dlaczego oddał się cały sublimacjom, kochając kwiaty, łąki i sonety Petrarki? A zarazem piorun rósł w jego piersi.

Ależ d l a t e g o właśnie, ż e piorun rósł w jego piersi.

Lorenzo musiał zetknąć się z jakimś straszliwym złem tak wcześnie w swoim życiu i musiało mu się ono objawić w tak bliskiej osobie, że nie był w stanie podołać mu wewnętrznie. Nie tylko nie zdołał dać mu wewnętrznego odporu, ale im usilniej starał się je odeprzeć, tym przemożniej zyskiwało nad nim władzę: przejmował je w siebie wbrew sobie. Coś takiego nie stało się dopiero przy Aleksandrze, ale dlatego stało się przy Aleksandrze – i dlatego okazało się wówczas tak przemożne – że w głębi duszy dokonało się w Lorenzu już dawniej, w niepamiętnej przeszłości, przy nieznanej nam, najbliższej osobie jego niegdysiejszego życia. Ktoś najbliższy musiał nagle, ku najwyższemu przerażeniu Lorenza, ukazać się jego oczom jako bestia, zabijając go na duszy. I zarazem, w tym straszliwym momencie, gdy nie było granicy między „ja" a „nie-ja", musiał wmieścić mu tę bestię, ku równemu przerażeniu Lorenza, do jego wnętrza – Lorenzo sam musiał poczuć się bestią – po dwakroć zabijając go na duszy. Wydziedziczając Lorenza z własnego, autentycznego „ja". Obracając jego życie w ruinę.

Odtąd Lorenzo będzie próbował uporać się ze złem, z bestią – i z ruiną w sobie – zaprzeczając z całych sił temu, co się stało. Broniąc się przede wszystkim niepamięcią. Ale także ucieczką w samotność, zwróceniem się – w poszukiwaniu ocalenia wewnętrznego – ku księgom, a nade wszystko niezmożonym wzmaganiem dążenia do życia w dobru i pięknie, jak najdalej od wszelkiej szpetoty i zła.

Udawało się to do czasu. Do owej dziwnej nocy spędzonej w ruinach Koloseum, o której Lorenzo opowiada Filipowi. Mówiąc mu, że nie wie, co się z nim wówczas działo. Nie wie, dlaczego nagle wstał, wyciągnął ku niebu wilgotne od rosy ramiona i poprzysiągł, że jeden z tyranów ojczyzny zginie z jego ręki. „Byłem spokojnym studentem, zajmowałem się tylko nauką i sztuką; nie potrafię powiedzieć, jak ta osobliwa przysięga zrodziła się we mnie". Dodaje tylko tyle: „Być może, w podobny sposób rodzi się w sercu miłość"[14]. A więc wie tylko tyle, że wtedy przebudziła się w nim niepojęta dla niego – a my możemy dopowiedzieć, że niepamiętna – nienawiść. I *Lorenzaccio* to dramat rozpaczy i samozniszczenia, bo dramat niemożności upo-

[14] Jest to trudne do przełożenia, bo niejasne (a być może kluczowe dla zrozumienia wewnętrznego dramatu Lorenza) zdanie: *Peu-être est-ce lá ce qu'on éprouve quand on devient amoureux.* Podałam przekład Boya; w tłumaczeniu Joanny Guze: „Może takich doznaje się wzruszeń, gdy miłość budzi się w sercu". Poecie chodzi tu, jak się zdaje, o nagłość, irracjonalność (pozorną skądinąd) i przemożność uczucia zakochania się (dosłownie: „gdy człowiek zakocha się"). O to, że zdajemy sobie sprawę, iż jesteśmy zakochani (w kimś), gdy to uczucie już nami owładnęło, bez udziału naszej świadomości i woli – podobnie jak dzieje się to tutaj z Lorenzem. Ten jednak opowiada o tym, jak zdał sobie sprawę, że w sposób nagły, irracjonalny (na pozór) i przemożny znienawidził (kogoś), a nie zakochał się (w kimś). Czy więc Musset chce w tym zdaniu oba te przeciwstawne uczucia zrównać? Druga trudność przy przekładzie tego zdania to ziejąca – a więc w najwyższym stopniu znacząca – luka, jaką się ono kończy, puste miejsce niewypełnione osobą, ku której owo dziwne uczucie jest skierowane (człowiek przecież zakochuje się zawsze w k i m ś). Być może z powodu tej luki wybrano w obu przekładach zręczniejsze językowo do bezprzedmiotowego wyrażenia: „miłość w sercu" (a nie „zakochanie"), choć i w tym wypadku luka pozostaje. I ma pozostać. Lorenzo nie wie, do kogo jego uczucie – nienawiść? miłość? – jest skierowane.

rania się przez człowieka, wbrew wszelkim wysiłkom, z własną nienawiścią[15].

W warszawskim przedstawieniu *Lorenzaccia* nic gruntowniej nie zniweczyło istoty tego dramatu niż scena między Lorenzem a matką, napisana przez reżysera i podstawiona na miejsce sceny, którą stworzył Musset.

U Musseta w scenie tej uczestniczą Lorenzo, matka i Katarzyna (o sobowtórowych więziach między tymi postaciami już wiemy), a toczy się tu w pewnej chwili taki dialog:

> K a t a r z y n a Czy tak samo źle mówisz o Lukrecji?
> L o r e n z o Lukrecja zadbała, żeby mieć przyjemność z grzechu i chwałę ze śmierci. Dała się wziąć żywcem jak skowronek w sidła, po czym wpakowała sobie ślicznie nóż do brzucha.
> M a r i a Jeśli nawet gardzisz kobietami, czemu starasz się je poniżyć w oczach twojej matki i siostry?
> L o r e n z o Ciebie i ją szanuję. Poza tym świat budzi we mnie wstręt.

W spektaklu warszawskim podstawiona tu została scena, w której uczestniczą tylko Lorenzo i matka, a dialog brzmi tak:

> M a r i a Dlaczego postąpiłeś tak z wujem, Renzo? Dlaczego gardzisz ludźmi?
> L o r e n z o Świat budzi we mnie wstręt. Kocham tylko ciebie.

Pominąwszy wszystko inne, „kocham"! W dramacie, który już przez to samo jest niezwykły, że bohater nie mówi w nim, że kogokolwiek jakąkolwiek miłością kocha. Co naturalnie nie musiałoby znaczyć, że rzeczywiście nikogo nie kocha. Ale to, że tego n i e mówi, *coś* m u s i znaczyć. I przeinaczeniem tej sceny re-

[15] Nie tylko z istnieniem zła (to nie wyróżniałoby *Lorenzaccia* spośród innych wielkich dramatów europejskich, które przecież wszystkie skupione są w taki czy inny sposób na problemie zła), ale z własną nienawiścią do zła. Z nienawiścią, która rozprzestrzenia się niepohamowanie na wszystko, trawiąc wszystko, a przede wszystkim trawiąc tego, kto nienawidzi.

żyser zniweczył godne najwyższego podziwu dokonanie duchowe i artystyczne poety, na jakie zdobył się on w *Lorenzacciu.*

Nie o to bowiem chodzi, że nawet dzieci wiedzą, bawiąc się obrywaniem płatków kwiatu, jak wielka jest różnica między „kocham" a „szanuję". Chodzi o to, w jakiej tonacji – więc w jakim naprawdę sensie – Lorenzo mówi „ciebie i ją szanuję". (Co za decyzja dla aktora budującego tę rolę, gdyby mu było dane zagrać tę scenę i wypowiedzieć te słowa!) I chodzi o to, po co Mussetowi potrzebne było, aby Lorenzo powiedział matce i Katarzynie (a nie tylko matce) – w owej niewiadomej nam tonacji – właśnie nie co innego, ale to, że je szanuje. Na razie obu tych rzeczy nie wiemy. Daje nam tylko do myślenia jedno: po odpowiedzi Lorenza matka zmienia temat. Rychło wszakże przekonamy się, że chyba w całym dramacie nie ma słów, do których w większej mierze odnosiłaby się uwaga samego Lorenza, wypowiedziana wcześniej w rozmowie z Valorim: „Zapewne, Eminencjo, twoje słowa są wielką prawdą, ale i wielkim fałszem, jak wszystko na świecie".

Co bowiem dzieje się dalej. Katarzyna, wobec której Aleksander powziął niegodne zamiary, zostaje zagrożona zdegradowaną i degradującą, występną erotyką księcia. (Przeziera tu analogia do historii Lukrecji – dalszy ciąg akcji pokazuje tedy, po co Mussetowi potrzebne było to, aby w tamtej scenie mowa była o Lukrecji, i po co potrzebny był mu wówczas udział nie tylko matki, lecz także Katarzyny.) I oto jaka teraz rozegra się scena. Lorenzo, dowiadując się od Katarzyny, że otrzymała list miłosny od Aleksandra – przed którego zamiarami, jak zdołaliśmy się zorientować, pragnie Katarzynę obronić – zarazem jednak wszczyna z nią taką rozmowę: „Co sądzi o tym to niewinne serduszko? [...] Czy ci to nie pochlebia? miłość, której pozazdrościć może tyle kobiet! Tak piękny tytuł do zdobycia: kochanka księ..."

Po czym, zostając sam, wybucha rozpaczą: „Miłosierne nieba! cóż ze mnie za człowiek z wosku! Zaliż występek, jak suknia Dejaniry, tak głęboko wrósł we mnie, iż nie umiem już być panem swojego języka, i powietrze, które wychodzi z moich warg, staje się rajfurem pomimo mej woli? Już miałem znieprawić Katarzynę; mam uczucie, że znieprawiłbym własną matkę, gdybym to sobie zamierzył"[16].

Ale przecież to, co Lorenzo uczynił przed chwilą – „pomimo swej woli", „nie umiejąc już być panem swojego języka" – było nie tyle znieprawianiem Katarzyny, co właśnie jej poniżaniem. Było dokładnym przeciwieństwem jego uprzedniego „szanuję". Lorenzo rozpacza tutaj nad czymś zupełnie innym niż to, co rzeczywiście zawierały jego słowa skierowane do Katarzyny, co rzeczywiście w słowach tych uczynił – a z czego dziwnie nie zdaje sobie sprawy. Co więcej, samą treścią swojej rozpaczy („już miałem znieprawić Katarzynę", „znieprawiłbym własną matkę, gdybym to sobie zamierzył") jeszcze bardziej obie kobiety degraduje, dalej dziwnie tego nie zauważając. Zdradza, jak nisko je właśnie szacuje, jak nimi gardzi – dziwnie nie będąc tego świadomy[17].

A przecież teraz, w tym wybuchu rozpaczy, Lorenzo jest już sam, ten monolog rozpaczy jest więc chyba najzupełniej szczery. („Wawrzyniec był bardzo szczery. Kiedy kłamał, oszukiwał przede wszystkim samego siebie".) Ależ Lorenzo *jest* w tym monologu szczery! Jest szczery w granicach *świadomego* obrazu siebie. Tyle tylko, że – jak każdy człowiek – Lorenzo ma w sobie jeszcze obszary nieświadome. I być może jedynie w nieświadomej głębi duszy wie, że w nieświadomej głębi duszy gardzi matką i Katarzyną. Do tej nieświadomej, głębokiej wiedzy nie dociera chyba światło jego świadomości. Lorenzo nie jest chyba świadomy tego, że znajduje się we władzy pustoszącej ambiwalencji wewnętrznej, ambiwalencji miłości i nienawiści, wywyższania i poniżania, szacunku i pogardy.

Bo być może jest szczerze przekonany, że szanuje matkę i siostrę; powiada wszak o Katarzynie: „któż jest cnotliwszy pod

[16] Przekład Boya.

[17] W przedstawieniu warszawskim Pola Raksa z piękną prostotą grała właśnie Katarzynę, która nie czyni Lorenzowi żadnej nadziei, że da mu się znieprawić.

słońcem", więc może to prawda, że ją szanuje. Ale zarazem jest to fałsz, skoro w scenie z Katarzyną daje upust przemożnej, działającej jak ślepy mus („pomimo mej woli", „nie umiem już być panem swojego języka") potrzebie poniżania jej, deprecjonowania, degradowania. Przemożnej potrzebie gardzenia kobietami – i to właśnie najbardziej idealnymi postaciami kobiecymi swego życia. Przecież dlatego także w życiu Lorenza nie ma żadnej historii miłosnej. Dramat romantyczny bez historii miłosnej? Ależ ona tu jest, jest nawet miłosną tragedią. Bo jest nią rozszczepienie wewnętrzne bohatera na idealną sublimację (uczucia do matki-Katarzyny) i skrajną degradację (rozpusta Lorenza), rozszczepienie, które, jak nadto dobrze wiemy, niweczy możliwość autentycznej ludzkiej miłości między płciami.

Możliwości uczuciowe Lorenza wobec istot odmiennej płci to albo zakorzeniona w dziecięctwie emocjonalnym miłość, przetworzona w samą sublimację – albo podobnie zakorzeniona w dziecięctwie emocjonalnym nienawiść, prowadząca do skrajnej degradacji. Nie, właśnie nie „albo – albo". To, co na powierzchni życia rozszczepione (matka i idealna ukochana z jednej strony – a z drugiej strony prostytutki), w głębi jest właśnie szczepione, i tu leży prawdziwe sedno tej tragedii. Na tym polega najbardziej pustoszące działanie owej ambiwalencji wewnętrznej w życiu człowieka, który pozostaje w jej władzy. Nie na tym tylko, że popycha go w przemożny sposób – jak Lorenza – ku skrajnej degradacji życia erotycznego, jaką jest rozpusta, wbrew wysiłkom jego woli („wciąż lubię wino i kobiety; to dość, co prawda, aby uczynić ze mnie rozpustnika, ale nie dość, abym chciał nim być"). Pustoszące działanie tej ambiwalencji polega również na tym, że im głębszą ktoś w takim człowieku wzbudzi miłość, tym głębszą też nieuchronnie wzbudzi – szczepioną w jego wnętrzu z tamtym uczuciem – nienawiść. Nienawiść nieświadomą – i dlatego tak przemożną; pojawiającą się, jak w scenie między Lorenzem a Katarzyną, w nagłych, niekontrolowanych upustach i działającą jak ślepa siła.

Subtelność artystyczna tych dwu naświetlających się wzajemnie scen – wcześniejszej rozmowy między matką i Katarzyną a Lorenzem oraz późniejszej sceny między Lorenzem a Katarzyną – skrywa właśnie zdumiewającą odkrywczość i równie zdumiewającą odwagę duchową poety w zgłębianiu wewnętrznych dramatów człowieczych. Dramatów, których ludzkość strzegła groźnie przed własnym okiem – bo przecież aż do naszych czasów – zapieczętowawszy je najświętszym z przykazań, pierwszym zaraz po nakazie uznawania Boga: przykazaniem „szanuj...!". Uniemożliwiając sobie Wielkie Zrozumienie siebie samej. A tym samym autentyczne zapanowanie nad prowadzącymi do tych dramatów ślepymi siłami wewnętrznymi.

Bo że w scenie między Lorenzem a Katarzyną – w scenie nienawiści, pogardy i degradacji – chodzi nie tylko i nie przede wszystkim o Katarzynę, ale o matkę, nie ma żadnej wątpliwości. O tym, że spoza postaci Katarzyny przeziera tu postać matki, upewnia nas nie tylko sobowtórowa więź między tymi osobami w dramacie (uwydatniana nadto w pierwszej scenie w słowach), matematyczna wręcz konstrukcja wzajemnego naświetlania się obu scen, wreszcie słowa rozpaczającego Lorenza, w których jeszcze raz, jak przekonaliśmy się przed chwilą, zbliża osoby Katarzyny i matki. Upewnia nas o tym najmocniej obraz, który jawi się Lorenzowi w zakończeniu monologu rozpaczy: „Ach, wiele popełniłem zbrodni i jeśli jakiś sędzia zważy moje życie na szali, z jednej strony będzie góra szlochów; ale na drugą z piersi Katarzyny spadnie może kropla czystego mleka, która wykarmi uczciwe dzieci". Ten obraz Katarzyny – młodej dziewczyny, która, jak wiemy, ma być w dramacie zamężna, ale zarazem mąż w jej życiu nie istnieje – jest tu czymś więcej niż nieoczekiwanym obrazem macierzyńskim. Jest to obraz idealnej matki najwcześniejszego dzieciństwa. Obraz, jaki w naszej kulturze ukazują najbardziej wyraziście przedstawienia Madonny z Dzieciątkiem. Im bardziej niegodnej dokonał tu Lorenzo degradacji, tym bardziej wyidealizowanego znów dokona wyniesienia. Wciąż we władzy ambiwalencji wewnętrznej. I we władzy analogicznego, własnego rozszczepienia na „ja" wyidealizowane w sobie i „ja" zdegradowane w sobie. Daremnie siląc się odnaleźć autentyczne „ja", ani wyidealizowane, ani zdegradowane, ale po ludzku człowiecze.

Jeżeli jednak w scenie między Lorenzem a Katarzyną chodzi w głębi duszy Lorenza o matkę, to czy w niepamiętnej, trawiącej Lorenza nienawiści, która doszła w nim tak niejasno do głosu owej nocy w ruinach Koloseum, mogło w nieświadomej głębi jego duszy także chodzić o matkę?

Lorenzo odwodzi nas od tej myśli – zarazem jednak tym bardziej nas do niej przywodząc. Oto bowiem jedyny niejasny ślad, jaki sam w sobie odnajduje, gdy szuka odpowiedzi na pytanie, czemu chce zabić Aleksandra. Wróćmy po raz ostatni do jego monologu „Dlaczego?", tym razem skupiając się na owym pomijanym przez nas dotąd śladzie.

> L o r e n z o *sam* [...] Co uczynił mi ten człowiek? Kiedy kładę rękę na sercu, kiedy się zastanowię... [...] Gdybym pozostał w mej samotni w Cafaggiuolo, nie przyszedłby tam po mnie; to ja odnalazłem go we Florencji. Dlaczego? Czy widmo ojca wiodło mnie jak Orestesa ku nowemu Egistowi? Czy mnie znieważył? Dziwne, a jednak dla tego czynu rzuciłem wszystko.

Ku nowemu Egistowi! Ale przecież Orestes zabił nie tylko Egista, a Egista zabił nie tylko ze względu na niego samego. Orestes to przecież matkobójca. Jeśli więc tak miałoby być, jeśli istotnie widmo ojca wiedzie Lorenza jak Orestesa ku nowemu Egistowi, to wiedzie go tym samym ku nowej Klitemnestrze, ku matkobójstwu. Czy więc o to chodzi w zabójstwie Aleksandra? Czy to jest owa zagadka życia Lorenza? Czy to o tym właśnie dramat Musseta krzyczy, bo o tym milczy?

Być może. Ale to chyba nie wszystko, czego można dosłuchać się w tym milczeniu. Kiedy bowiem próbujemy za Lorenzem podążać niejasnym śladem tego, co dzieje się w jego rzeczywistości wewnętrznej – wewnętrznej, bo Maria, matka Lorenza, postać idealna, miałaby być zarazem Klitemnestrą, więc postacią występną, rozpustną, miałaby być zdradziecką morderczynią ojca – zdajemy sobie nagle sprawę, że właśnie nie wiemy nic o ojcu Lorenza. Co się z nim stało? W dramacie nie występuje (podobnie jak mąż Katarzyny); co więcej, nikt o nim nawet nie wspomina. Dlaczego? Jak gdyby nie było go w ogóle nigdy w życiu Lorenza. Ani w życiu matki. Pojawia się teraz właśnie, jeden jedyny raz, w monologu Lorenza, w chwili najwyższego napięcia wewnętrznego, ale tylko na mgnienie, i tylko pośrednio (bo może to jedynie porównanie), i tylko w porzuconym zaraz pytaniu. Ojciec. Jakże mogliśmy dotąd sami o tej osobie dramatu nie pomyśleć! Romantyczny dramat o tyranobójstwie – bez ojcobójstwa? Ale nie, w monologu Lorenza nie pojawia się ojciec, pojawia się widmo ojca – przeciwstawione nowemu Egistowi. W której z osób dramatu szukać nowego Egista, wiemy; teraz ma nim być Aleksander, rówieśnik Lorenza; i rzeczywiście o tyle nowy Egist, o ile Katarzynie (matce), znieprawionej, odpowiadałby „tak piękny tytuł do zdobycia: kochanka księ...” Gdzież jednak szukać w dramacie widma ojca?

Sądząc, że w *Lorenzacciu* nikt o ojcu Lorenza nawet nie wspomina, myliliśmy się; nie byliśmy dostatecznie uważni. Co najmniej jedna z osób dramatu tak bardzo sili się nie mówić o nim, że przez to, jak się zdaje, powiedziała nam o nim wszystko. To matka Lorenza, w rozmowie z Katarzyną, gdy po raz pierwszy obie ukazują się na scenie. Wypowiada ona wówczas znamienne słowa: „Gdyby mój syn był tylko pospolitym rozpustnikiem, gdyby krew Soderinich blado odbiła się w tej wątłej kropelce wyciekłej z moich żył, nie rozpaczałabym; ale ja pokładałam w nim tyle nadziei, i miałam prawo do tego!”[18]

[18] Przekład Boya, który tłumaczy dosłownie. Joanna Guze próbuje to oddać tak: „Nie rozpaczałabym, gdyby mój syn był pospolitym rozpustnikiem, gdyby ta kropla krwi Soderinich, którą wlałam do jego żył, nic nie znaczyła; ale wielkie były moje nadzieje i miałam do nich prawo”.

Zastanawiające słowa – pośród wspomnień o dobrej i pięknej młodości Lorenza. Krew Soderinich, krew matki Lorenza, jest tu bowiem milcząco przeciwstawiona czyjej krwi? I co matka Lorenza, nie mówiąc o tej drugiej krwi – współkrwi, z której zrodził się Lorenzo – właśnie o niej mówi? Gdyby Lorenzo dotychczasowym swoim życiem – dobrym i pięknym – nie dowodził matce, że krew Soderinich, krew jej rodu, zdołała wywrzeć na niego silny wpływ, musiałaby ona z rezygnacją oczekiwać, że syn będzie tylko pospolitym rozpustnikiem. A więc taka jest ta druga krew, krew drugiego rodu – współkrew, z której wywodzi się Lorenzo? Krew matki to dobro i piękno, krew ojca jest krwią pospolitego rozpustnika?

Słowa matki Lorenza są tu jak dwa równania z jedną niewiadomą. A raczej z jedną aż nadto chyba wiadomą, i to wszystkim osobom dramatu, skoro kiedy indziej, inna osoba, Filip Strozzi, powiada do Lorenza w wielkim dialogu, w którym mowa będzie o zabójstwie Aleksandra: „Trzeba nam się uwolnić od Medyceuszy, Lorenzo. Sam jesteś Medyceusz, ale tylko z imienia". A więc gdyby Lorenzo miał po Medyceuszu, który dał mu imię – po ojcu – coś więcej niż tylko imię, to wówczas – będąc taki jak ojciec – byłby taki jak Aleksander Medyceusz. Jaki jest Aleksander Medyceusz, wiemy. Wiemy także z monologu Lorenza, że Aleksander to dla Lorenza jak gdyby nowy Egist, przeciwstawiony widmu ojca. Wiedzielibyśmy zatem teraz również, że pierwotnego nowego Egista – pierwotnego, a nie tego, którym teraz dla Lorenza jest Aleksander – pierwotnego nowego Egista, o którego naprawdę chodzi Lorenzowi w głębi duszy, o którego naprawdę chodzi w zagadce jego życia – i w niepojętych dla niego przeżyciach owej nocy w ruinach Koloseum – szukać trzeba jednak w osobie ojca. Jak to? więc w duszy Lorenza osoba ojca miałaby być przeciwstawiona osobie ojca! Ojciec w „widmie ojca" – i ojciec w „nowym Egiście", ku któremu Lorenzo-zabójca czuje się wiedziony jak Orestes. Tak, nie ma w tym nic, co przeczyłoby ludzkiemu doświadczeniu wewnętrznemu. Przeciwnie, zdołaliśmy za poetą uchwycić sedno wielkiego wewnętrznego dramatu.

W duszy Lorenza – jak możemy odtworzyć ze śladów – współistnieją dwa przeciwstawne obrazy ojca. Obraz ojca dobrego i pięknego, uosobienia najwyższych wartości – i obraz pospolitego rozpustnika, bestii. Skąd dwa takie obrazy, i dlaczego Lorenzo nie rozpoznaje ich jasno w swojej duszy, ale pasuje się z nimi jak z widmami? I w końcu pada ofiarą tych widm?

„Widmo ojca". Widmo dlatego – możemy się domyślać – że ojciec, jak Agamemnon w historii Orestesa, nie żyje, i to od dawna; Lorenzo stracił go zapewne, jak Orestes, jeszcze we wczesnym dzieciństwie.

Ale w *Lorenzacciu* pojawia się w pewnym momencie widmo samego Lorenza – w niesamowitej i pięknej opowieści matki – mimo że Lorenzo żyje. I co więcej, Lorenzo, w odpowiedzi na opowieść matki, traktuje to widmo tak, jakby było istotą najzupełniej realną, uosabiającą jego dawne, dobre i piękne „ja", istotą odrębną od niego obecnego, wiodącą nadal niezależny już teraz od niego obecnego, samoistny byt („powiedz mu, że"...). Podobnie, w tym samym monologu, w którym Lorenzo mówi: „widmo ojca", powiada wcześniej: „Kiedy pomyślę, że kochałem kwiaty, łąki i sonety Petrarki, widmo mojej młodości staje przede mną całe drżące". (We wszystkich tych wypadkach użyte jest to samo słowo: *le spectre*).

Ułatwia nam to zrozumienie, że „widmo ojca" – przeciwstawione „nowemu Egistowi", to nie tylko (a nawet zgoła niekoniecznie) ojciec umarły, ale (zarazem) wewnętrzny obraz ojca, ojca dobrego i pięknego, będącego uosobieniem najwyższych wartości (jakim też był Agamemnon dla Orestesa). Jest to idealny obraz ojca najwcześniejszego dzieciństwa, i ma go w sobie w najwcześniejszym dzieciństwie każdy z nas, niezależnie od tego, jakim jest nasz ojciec – co poznamy później, dorastając – w realnej rzeczywistości. Lorenzo, choć teraz już dorosły (jeśli liczyć jego wiek w latach), zatrzymał jednak ten wczesnodziecięcy obraz w głębi duszy nienaruszony, nieprzetworzony, zastygły; obraz ten wiedzie jakby w jego duszy egzystencję niezależną od realnej rzeczywistości i, co więcej, od samego obecnego, dorosłego Lorenza. Obraz ten okazał się tak przemożny w jego dziecięcej duszy, że chyba także na podobieństwo tego pierwotnego, idealnego obrazu ojca Lorenzo tak usilnie kształtował pierwotnie swoje życie, swoje dobre i piękne, idealne „ja".

I nagle, w niepamiętanym momencie i w niepamiętany sposób – bo wszystko to było dla Lorenza zbyt straszliwe, był dzieckiem – przeżył on coś, co sprawiło, że oblicze ojca ukazało mu się jako twarz pospolitego rozpustnika, twarz bestii. Ten obraz był nie do pogodzenia z idealnym obrazem ojca najwcześniejszego dzieciństwa. Był też tym samym nie do pogodzenia z idealnym obrazem matki najwcześniejszego dzieciństwa, bo od tej chwili obraz ojca rozpustnika musiał w duszy Lorenza rzucić na matkę nieuchronnie równie straszliwy cień (stąd ślepy mus nienawidzenia i gardzenia matką-Katarzyną). Był wreszcie nie do pogodzenia z idealnym, dobrym i pięknym „ja" w samym Lorenzu. Obrócił jego życie w ruinę.

I pierwsza zaraz dłuższa kwestia Lorenza w pierwszej scenie pierwszego aktu *Lorenzaccia* – jak gdyby prolog całego dramatu – gdy Lorenzo jak ostatni nikczemnik opisuje z lubością sposoby zniepr awiania dziecka (kończąc: „nigdy czyste powietrze dziecięctwa nie pachniało mi bardziej rozpustą"), to chyba jest to nie co innego, tylko jego własna historia, której – jako swojej – świadomie nie pamięta, ale pamięta nieświadomie. Tyle że w historii tej, niegdyś, on sam był dzieckiem – i przeciwnie niż w historii opowiadanej teraz, dzieckiem broniącym się wówczas wewnętrznie z całych sił. To, co jemu uczyniono, gdy był bezbronny, będzie później sam czynił – wbrew swej woli, nie będąc już panem swojego języka – innym.

„Burze i nieszczęścia dotykające nas w dzieciństwie przyczepiają się do nas jak greckie Eumenidy, i im bardziej staramy się ich uniknąć, tym silniej, mocą jakiegoś fatalistycznego popędu do naśladowania, szukamy okazji ich ściągnięcia na siebie w późniejszym życiu" – napisała sto kilkadziesiąt lat temu, wyprzedzając Freuda, George Sand, jedna z wielkich rozumiejących. Włożyła te słowa w usta bohatera, który trafem ma na imię Celio[19].

„Nie znoszę kobiet, nie cierpię ich, i okropnie z nimi się obchodzę. Wyjątek dla mnie stanowi Boccaferi, a to tylko dlatego, że z pewnych względów przypomina mi moją matkę" – powiada ów Celio u George Sand. Ale właśnie z tą kobietą gotów jest obejść się najokropniej: „Zepchnąłbym ją ze szczytu zamku na bruk"... Na niej gotów jest dokonać matkobójstwa.

Eumenidy, które w *Lorenzacciu* ścigają Lorenza, zapędzają go – inaczej niż w greckiej historii Orestesa – działając jak ślepy mus, ku powtórzeniom.

A jednak jest w *Lorenzacciu* ktoś, żywy i realny, w kim Lorenzo ma jak gdyby rzeczywistego dobrego ojca, choć skoro rzeczywistego, to właśnie ze wszystkimi ludzkimi niedoskonałościami. Jest nim oczywiście Filip Strozzi. (Skądinąd jeszcze jedna postać sobowtórowa. „Patrzę na ciebie jak na dawnego siebie", powie mu Lorenzo). I jeden z najbardziej przejmujących momentów dramatu to dwukrotna prośba Lorenza – już po wszystkim, w Wenecji, kiedy Lorenzo, wydrążony i pusty, wie, że na ulicy czyhają na niego mordercy, i chce wyjść ku nim, wydając się na śmierć – aby Filip wyszedł na miasto wraz z nim, aby mu towarzyszył. „Chodź, przejdziemy się trochę, Filipie". „Wyjdźmy, proszę". Dosłuchuję się w tych słowach czegoś z prośby – czy nadziei – aby Filip mimo wszystko obronił go przed mordercami; może jak dobry ojciec – i ojciec silny, ale siły Filipowi właśnie nie dostaje – uczyniłby w marzeniach zdesperowanego dziecka. A przynajmniej, aby Filip był owej chwili z nim. Lorenzo chce umrzeć – a jednak nie chce umrzeć; jak samobójca właśnie; do ostatniego momentu

[19] G. Sand, *Na pustkowiu* (*Le Chateau des Déserts*), tłumaczył Ernest Sulimczyk Świeżawski, Warszawa 1883.

ostateczna rozpacz wiodąca go ku samozniszczeniu współistnieje w nim chyba z wołaniem kierowanym do drugiego człowieka. Filip nie wychodzi z Lorenzem. Posyła za nim w jego obronie sługę. I nie to jest tutaj tak wstrząsające, że posyła go za późno, bo Lorenzo otrzymał już cios w plecy. Posyła go za późno, bo być może jeszcze przed chwilą Lorenzo mógł znaleźć mimo wszystko jakieś ocalenie wewnętrzne, w drugim człowieku.

Tak jak być może znalazła ocalenie wewnętrzne w drugim człowieku – jedyna w całym dramacie – margrabina Cibo, która zbłądziła, popełniła zło, ale przyjęła odpowiedzialność za swój uczynek, wyznając mężowi swoją nielojalność wobec niego. Oto bowiem jedna z ostatnich scen *Lorenzaccia*:

> Pierwszy szlachcic Czy to nie margrabia Cibo tam, pod rękę z żoną?
> *W głębi przechodzą Margrabia i Margrabina.*
> Drugi szlachcic Zdaje się, że zacny margrabia nie jest człowiekiem mściwym. Któż we Florencji nie wie, że jego żona była kochanką zmarłego księcia?
> Pierwszy szlachcic Wyglądają na pogodzonych. Widziałem jak margrabia ściskał jej rękę.
> Drugi szlachcic Na honor, to perła wśród mężów! Żeby połknąć żabę tak gładko, trzeba mieć prawdziwie dobry żołądek.

Ale właśnie – wyglądają na pogodzonych. W dramacie maski i autentyczności, jakim jest *Lorenzaccio*, taka scena! Nie wiemy – i nie dowiemy się nigdy – ile jest prawdy, a ile fałszu w tych dwojgu ludziach oglądanych z zewnątrz i z daleka cudzymi oczami, wśród cudzych komentarzy pełnych ironii; ironii, jaka przedtem w dramacie tylekroć przepełniała słowa samego Lorenza. Co do mnie, chciałabym, aby pośród mnożonych w dramacie Musseta przeciwieństw ta scena właśnie skrywała w sobie mimo wszystko – wbrew całej rozpaczy przenikającej to dzieło – samą choćby możliwość nadziei. Aby to, co tutaj aż tak ostentacyjnie wygląda na prawdę, było prawdą. Nie tylko dlatego, że widziałabym w tym szczyt mistrzostwa poety. Ludzkość po prostu nie wynalazła jeszcze innego ratunku niż przebaczenie. Ale prawdziwe przebaczenie to akt wymagający, jak wiadomo, udziału dwu stron, a nadto jest ono możliwe jedynie między realnymi ludźmi, realnymi z tej i z tamtej strony. W historii margrabiny nie wchodziły w grę – o dobro i zło – widma.

Historia Lorenza zamyka się finalnym: „Straszne, straszne! więc nawet bez grobu!" Są to słowa Filipa, gdy dowiaduje się od sługi, że Lorenza zamordowano tuż za drzwiami i że ciało jego wloką, by wrzucić do laguny.

Po co potrzebne było Mussetowi, żeby bohater jego nie miał nawet grobu? Dla wielu sensów oczywiście. Może jednak przede wszystkim po to, aby na koniec, w jeszcze jeden sposób, niedowyrazić niewyrażalne. Aby pośrednio, w cudzych słowach, bo w słowach Filipa, a nie samego Lorenza, i w obrazie widzianym z zewnątrz, a nie od wewnątrz, a do tego w obrazie pustym – a więc chwytając się już środków naprawdę ostatecznych – dać wyobrażenie o jednym z najtrudniejszych doświadczeń ludzkich, jakim jest poczucie własnego niezaistnienia za życia, niebytu za życia. „Nawet bez grobu" – tak dalece bez niczego własnego – tak dalece bez własnego, autentycznego „ja", a więc bez możliwości własnego istnienia, można by przekładać niedołężnie.

Jest to doświadczenie, które ku wątłemu jeszcze światłu powszechniejszej wiedzy miało zostać wydobyte z mroków ludzkiej duszy dopiero w naszych czasach. Bo z samej swojej natury jest ono też najtrudniejsze do wyjawienia. Chcąc wyrazić doświadczenie niebytu, pustki, trzeba je mimo to wyrazić przez *coś*. Takie niemożliwości możliwe są właśnie w sztuce, w poezji, w teatrze. Przekazać czyjeś doświadczenie niebytu osobowego, wydziedziczenia z własnej podmiotowości, braku autentycznej tożsamości, mnożąc byty – mnożąc sobowtóry bohatera, z których żaden jednak nie jest z nim właśnie tożsamy. Powoływać do istnienia widma, aby przekazać doświadczenie własnego nieistnienia, jakie ma realny człowiek. I na koniec stworzyć obraz:

„Straszne, straszne! więc nawet bez grobu!", obraz, który nie wprost, nie w sensie zamierzonym przez wypowiadającą te słowa postać, ale w sensie zamierzonym przez poetę – a niemal niepostrzeżenie dla nas – umożliwia nam odczucie cudzego poczucia niezaistnienia za życia. Poczucia, które trawiąc niemo Lorenza, doprowadziło go do wyrażenia jego treści w czynie, do samozniszczenia.

* * *

W zagadce życia Lorenza – w historii jego samozniszczenia – pojawia się jeszcze jeden motyw wskazywany przez samego bohatera, a przeze mnie pominięty. Wymagałby rozważań, w których punktem wyjścia byłoby nie słowo „dusza", poddane mi tutaj przez nieocenioną skądinąd omyłkę Krzysztofa Kolbergera w warszawskim przedstawieniu *Lorenzaccia*, ale właśnie to słowo, które jest w oryginale: „duma". Słowo to przewija się różnorako przez cały dramat, i to w jego węzłowych momentach. Pada też wśród dociekań Lorenza nad powodami wewnętrznymi jego decyzji, by zabić Aleksandra: „Muszę wyznać, że jeśli Opatrzność natchnęła mnie myślą o zabójstwie tyrana, mniejsza o to, którego, skłaniała mnie do tego też duma".

Słowo to jednak skupia w sobie w najwyższym stopniu ambiwalencję wewnętrzną przenikającą dramat Lorenza. Francuskie *l'orgueil* ma bowiem dwa znaczenia, pozytywne i negatywne. Może w nim chodzić o poczucie własnej godności czy własnej wartości – i może chodzić o to, na co w języku polskim mamy odrębne słowo „pycha". Tłumacz musi w przekładzie polskim za każdym razem zdecydować, czy *l'orgueil* oddać w danym kontekście przez „dumę", czy przez „pychę", co czasem jest chyba niemożliwe do rozstrzygnięcia. Choć w języku polskim sama „duma" może mieć dwa znaczenia, pozytywne i negatywne. W *Dziadach* Duch powiada do księdza Piotra: „A wiesz ty, jak się zowie moja luba? – Pycha". Ale gdy Konrad pada nieprzytomny pośród swojego monologu pychy, jakim jest Improwizacja, Duch z lewej mówi: „Jeszcze o jeden stopień w dumę go podźwignąć!" Tu zatem „duma" znaczy właśnie tyle samo co „pycha".

Wraz z rozważaniami o dumie i pysze w *Lorenzacciu* wkroczylibyśmy z jednej strony w krąg zagadnień, które wiążą się z nowożytnymi odmianami starożytnej greckiej *hybris* w dziejach dramatu europejskiego.

Z drugiej zaś strony znaleźlibyśmy się znów w kręgu wielkich romantycznych odkryć egzystencjalnych, które możemy lepiej zrozumieć – lub nawet zgoła dopiero dostrzec w utworach tamtego okresu – dzięki odkryciom psychoanalitycznym ostatnich stu lat[20].

Musset pisał w rozpaczliwym liście do George Sand: „Skoro nie zdołałem mówić przy pani, umrę niemy". W *Lorenzacciu* wypowiada pomimo niemoty tyle najgłębszych prawd ludzkich, międzyludzkich, że na wniknięcie w nie w tym utworze pozwala dopiero nagromadzone w naszych czasach psychoanalityczne doświadczenie poznawcze.

Ale to przecież właśnie Freud stwierdzał w jednej ze swoich wczesnych prac: „Trudno psychoanalitykowi odkryć coś nowego, czego przed nim nie przeczuwałby poeta"...

[20] Szerzej piszę o tym w rozprawie *Obrazy wyjaskrawione i słabe światełka. Inne spojrzenie na romantyzm*, „Twórczość" 2000, nr 9, a przedstawiam w szczegółowych analizach zawartych m.in. w pracach *„Romantyczność". Ballada o sieroctwie w rodzicielskim domu*, „Twórczość" 2001, nr 10 i *„Godzina myśli" jako studium romantyzmu. Dwoistość w miłości romantycznej*, „Pamiętnik Literacki" 2009, z. 3.

„Urodzona w pustym gnieździe"
Melancholia i pamięć nieświadoma
Elizy Orzeszkowej

... jest w tobie jakieś nieszczęście.

Eliza Orzeszkowa, *...I pieśń niech zapłacze*

Są takie nieszczęścia, które przyszłość życia naszego na zawsze kaleczą...

Stanisław Morawski, *Wspomnienia Pustelnika*

Czasem słyszę obłąkańcze wycie głęboko jak spod ziemi, tylko echo dociera do mnie, przychodzi to bez ostrzeżenia. Nieutulony płacz dziecka, zamkniętego na zawsze.

Ingmar Bergman, *Laterna magica*
(przekład Zygmunta Łanowskiego)

Wstęp

W dawnych sierocińcach małe dzieci nieraz umierały, mimo że miały zapewnioną opiekę fizyczną i zaspokajano ich potrzeby fizyczne. Do czasu odkryć, zapoczątkowanych w końcu XIX i na początku XX wieku przez psychoanalityczny przełom w rozumieniu człowieka, nie wiedziano, że powodem był brak więzi osobowej.

Sedno owych odkryć, dokonanych stopniowo w ciągu ostatnich stu lat, można przedstawić jako proste – a zaprzeczające uprzednim naszym mniemaniom o człowieku – stwierdzenie, że nie wystarczy urodzić się, aby c h c i e ć żyć. Trzeba – w zaraniu życia – doświadczyć, że w a r t o żyć. A doświadczenie takie może stać się udziałem istoty ludzkiej w zaraniu życia jedynie dzięki innej istocie ludzkiej. Dzięki wypełnionej określonymi treściami psychicznymi – a jakie to muszą być treści psychiczne, także odkryto – więzi z inną istotą ludzką; nie tylko dzięki zapewnianej przez nią opiece fizycznej. Dzięki więzi, która dostarcza określonego pokarmu psychicznego – niezbędnego, jak się okazuje, na równi z pokarmem fizycznym, do samego przetrwania. Pokarmu psychicznego, niezbędnego, aby chcieć i móc żyć.

Ekspozycja

„Trudno psychoanalitykowi odkryć coś nowego, czego przed nim nie przeczuwałby poeta" – pisał Freud, mając na myśli w ogólności wielkich pisarzy.

Zapiera dech w piersiach, kiedy się spostrzega, że rozróżnienie pokarmu fizycznego i niezbędnego dziecku pokarmu psychicznego spotykamy już u Orzeszkowej-paroletniego dziecka. Choć ona sama o tym, że jej wnikliwość dotycząca spraw międzyludzkich sięgała czasów własnego dzieciństwa, chyba nie wiedziała.

Rozróżnienie takie zawiera relacjonowany przez pisarkę w przesłanych w 1905 roku Aurelemu Drogoszewskiemu, pisanych na jego prośbę wspomnieniach, epizod z dzieciństwa, kiedy to jako kilkuletnie dziecko dokonała w dyktowanym jej przez domową nauczycielkę, ćwiczebnym tekście francuskim określonych zmian. Co więcej, epizod ten uznać należy w świetle nagromadzonej w ciągu ostatnich stu lat wiedzy o człowieku za wyraz braku we wczesnym okresie życia przyszłej pisarki owego pokarmu psychicznego; i za wyraz tego, jak bardzo pokarm ten był przez dziecko wówczas upragniony.

Orzeszkowa wspomina bowiem, że miała parę lat, gdy podczas domowej lekcji, zamiast słów francuskiego dyktanda, że „matka poszła na targ, aby przynieść dzieciom jajka, chleb, mięso", napisała, że „matka poszła do ogrodu, aby przynieść dzieciom róże, pączki róż”, i potem, że dzieci obrywają płatki róż, a wtedy wypadają z nich perły. Tak to zapisywała, bo taki pojawił jej się o b r a z: niezmiernie wyrazista – jak wspomina Orzeszkowa jeszcze po tylu latach – niemal halucynacyjna wizja, której ośrodkiem była jej własna matka. Słowo „matka” z francuskiego dyktanda ucieleśniło się bowiem w tej wizji, pojawiając się jako obraz własnej matki. Wtrącę, że w dzieciństwie język francuski to był właśnie język jej relacji z matką, bo matka rozmawiała z nią wyłącznie po francusku. Relacjonując epizod, o którym mowa, Orzeszkowa podkreśla, że zmiany w tekście francuskiego dyktanda wprowadzała – pamiętając to również doskonale jeszcze po tylu latach – pod przemożnym wpływem owego halucynacyjnego niemal obrazu „prawie pomimo woli”, jakby pod nagłym, niewiadomym jej przymusem wewnętrznym, z wewnętrznej konieczności: „prawie nie mogłam nie pisać”, wspomina[1].

Sapienti sat. Tak właśnie wyjawiają się psychiczne treści nieświadome. Tu wyjawiły się w życzeniowym marzeniu na jawie – bo za takie uznać należy w świetle dzisiejszej wiedzy o człowieku ów dziecięcy epizod; w marzeniu na jawie tak wyrazistym, że było niemal marzeniem sennym.

Jak wspomina Orzeszkowa, w nauczycielce epizod ten wzbudził po raz pierwszy przekonanie, że dziewczynka ma „zdolności nadzwyczajne” i „że będzie autorką”. Bardzo jednak wątpliwe, by wówczas, przed z górą stu pięćdziesięciu laty, mogła rozpoznać, co się stało i o co w owym epizodzie chodzi: co dziecko z siebie wyraża (a przy tym, przecież tylko czytała zapisywane

[1] E. Orzeszkowa, *Wspomnienia*, w: E. Orzeszkowa, *O sobie*..., wstępem opatrzył J. Krzyżanowski, „Czytelnik”, Warszawa 1974, s. 82–83. Trzy teksty autobiograficzne Orzeszkowej: *Wspomnienia*, przesłane w 1905 roku Aurelemu Drogoszewskiemu, *Pamiętnik*, pisany w 1891 roku dla Ludwika Méyeta, i listy do Antoniego Wodzińskiego z 1896 roku zatytułowane przez wydawcę *Autobiografia w listach*, cytuję według wydania w tej publikacji, podając lokalizację przy cytacie.

w zeszycie słowa, nie wiedząc o niemal halucynacyjnej wizji z obrazem własnej matki dziecka). Obecnie możemy już przypuszczać, że to rozumiemy. Znamy bowiem późniejsze wypowiedzi Orzeszkowej o własnym *życiu i duszy*, czyli znamy całościowy kontekst jej obrazu własnej osobowościowej biografii, i jesteśmy już obeznani ze szczególnymi właściwościami treści psychicznych nieświadomych: wiemy o nich – poza tym, na co już wskazałam – że ich najczęstszy wyraz, taki, jak w owym dziecięcym epizodzie, obrazowy, ma też z reguły charakter symboliczny, w najprostszym sensie słowa.

Orzeszkowa wspomina, podając różne wiele mówiące szczegóły, że była dzieckiem bardzo wcześnie i niezwykle intensywnie żyjącym najrozmaitszymi lekturami (czytała też oczywiście baśnie, a te, jak wiemy, pełne są znaczeń symbolicznych), odgrywanymi potem w improwizowanych scenkach. Musiała więc być wcześnie obeznana ze znaczeniami symbolicznymi w naszej kulturze, i to tak szeroko rozpowszechnionymi, jak symboliczne znaczenia kwiatów, a zwłaszcza róż, i kosztowności (pomijając już to, że samo myślenie i odczuwanie dziecka ma w o wiele większej mierze niż u dorosłego charakter symboliczny). Toteż trudno przypuścić, aby róże ofiarowywane przez matkę dzieciom – w owym życzeniowym marzeniu na jawie – miały inny sens symboliczny niż ofiarowywana dzieciom miłość, a perły ukryte w różach wyrażały co innego niż to, że matka ceni dzieci, że ich istnienie ma dla niej wielką wartość. I że tym samym dzieci zyskują poczucie własnej wartości.

Zgodnie z naszą współczesną wiedzą o człowieku, właśnie to stanowi też ów pokarm psychiczny – w odróżnieniu od fizycznego: jajek, chleba, mięsa – niezbędny dziecku do pomyślnego rozwoju, do tego, aby chciało i mogło żyć. Bo niezbędny do tego, aby mogło zyskać poczucie własnej wartości osobowej. Pokarm, którego brak może prowadzić nawet do śmierci.

Dla Orzeszkowej ów nieświadomy sens wspominanego po latach epizodu – sens b r a k u – pozostał niewiadomy. Podobnie jak nieświadomy sens innych jeszcze, a znamiennych zdarzeń z dzieciństwa, o których pisze w swoich wspomnieniach, a które uważała za całkowicie bezprzyczynowe i niedające się wytłumaczyć. Choć sam ten epizod był dla niej tak pamiętny. Jawne zdarzenie zachowała z niezwykłą wyrazistością – i to na całe życie – w pamięci świadomej. Jego ukryte treści nieświadome trwały – także przez całe życie – w pamięci nieświadomej. Jak w zamkniętej psychicznej kapsule.

Wiemy jednak, że treści nieświadome dążą do tego, aby mimo wszystko znaleźć jakikolwiek, choćby mglisty, pośredni, przekształcony, a nawet całkowicie zniekształcony wyraz. Są podobnie w tym dążeniu przemożne, jak pasująca się z nimi siła tłumiąca, która trzyma je w takim psychicznym zamknięciu, uwięzieniu.

Zagadka życia i duszy

Kiedy Orzeszkowa, odpowiadając na prośbę Antoniego Wodzińskiego, przystępowała w 1896 roku do sporządzania – w listach do niego, ale na użytek publiczny – swojej autobiografii, zaczęła od przedstawienia trudności wiążących się dla niej z takim zadaniem i wyliczyła ich powody, po czym stwierdza:

> Doświadczam więc ambarasu wielkiego, mając pisać o sobie: nie wiem po prostu, jak i co mianowicie pisać, tym bardziej, że jak Pan zapewne spostrzegł, każdy z nas ma w życiu swoim, w duszy swej, coś takiego, czego dla różnych przyczyn wykryć nie może, a co częstokroć rozwiązuje właśnie zagadkę jego życia i duszy (s. 95).

Słowo „wykryć" znaczy tu, jak świadczy kontekst, 'wyjawić innym', 'odsłonić innym' – a nie 'odkryć samemu', i sens wypowiedzi wskazywałby, że sama Orzeszkowa zna owo *coś*, co rozwiązuje zagadkę jej życia i duszy, tylko nie może tego, jak pisze kiedy indziej, „odsłonić przed światem". Ściślej zaś, nie chce. Tak bowiem ujmuje rzecz we wspomnieniach pisanych z kolei na prośbę Aurelego Drogoszewskiego, a przesłanych mu w 1905 roku, dopuszczając, że będą właśnie odsłaniane przed światem:

> O wszystkim, czego doświadczyłam, co czułam, o wszystkich kolejach losu mego i ich przyczynach pisać nie będę. Są wśród nich rzeczy takie, o których pisać wprost nie warto, i takie, na których opisywanie i odsłanianie przed światem nie zgadza się serce moje lub sumienie. Jakkolwiek prawdziwym jest zdanie, że wszyscy za pomocą własnych przymiotów naszych, dobrych zarówno jak złych, szpetnych zarówno jak pięknych, wykuwamy losy nasze, to jednak szczęścia i nieszczęścia, zubożenia lub zbogacenia najczęściej przybywają do nas za pośrednictwem innych ludzi. Co więcej, nieszczęścia i zubożenia takie, jak utrata wiar, ufności, złudzeń, przybywają do nas najczęściej za pośrednictwem tych ludzi, których kochamy. Obojętni i dalecy niewiele przeciwko nam mogą; cierpimy zazwyczaj przez kochanych i bliskich. Nie potrzebowałam nigdy zabraniać sobie odsłaniania tego, co poczytywałam względem siebie za błąd lub winę kogoś, z kim wiązały mnie krótsze czy trwalsze, słabsze czy silniejsze węzły przywiązania i dni przeżytych wspólnie. Nie potrzebowałam zabraniać sobie, bo był we mnie wstręt ku temu wrodzony i nieprzezwyciężony. Trzeba by chyba tortur, niepodobnych do przeniesienia dla ciała mego, aby dusza moja wydała przez usta me skargę i obwinienie przeciw tym, którzy na jakikolwiek sposób byli mi kiedykolwiek drodzy i z którymi jeden choćby dzień jasny przeżyłam.
>
> Nie będę więc pisała o niczym, co ma związek z przywarami lub winami ludzi, w których najbliższym otoczeniu życie mi upłynęło lub od których, w mierze jakiejkolwiek, szczęście czy nieszczęście moje kiedykolwiek zależało. Większość ich już nie żyje. Niech śpią spokojnie. Pamięć ich i imiona nie doznają ode mnie obrazy ani ujmy. Ale stąd, w osnowie wspomnień, w logicznym powiązaniu momentów i faktów, muszą powstać przerwy i próżnie. Pewne składniki życia i duszy zostaną niewytłumaczone, ale inaczej być nie może (s. 52–53).

A zatem owo *coś*, co rozwiązuje zagadkę jej życia i duszy, wiąże Orzeszkowa z relacjami międzyludzkimi. Z relacjami, które łączyły ją z najbliższymi osobami. I dlatego, że osoby te były najbliższe, owego *czegoś* wyjawiać nie będzie.

Co jednak miała na myśli, pisząc o zagadce? O zagadce życia i duszy?

Chyba jakieś ich wewnętrzne sedno, jakiś wewnętrzny rdzeń – ukryty, a domagający się rozpoznania. Taki, o jaki chodzi w pytaniu, które w jednej z jej powieści, *Elim Makowerze*, pada w odniesieniu do powieściowej postaci: „Jaki był najgłębszy, najtajniejszy grunt tej istoty?”

Na tego rodzaju sens – jako na coś w życiu i duszy najistotniejszego – wskazywałby pewien fragment rozważań Orzeszkowej związany z jej wspomnieniami z dzieciństwa, w którym znowu pojawia się słowo „zagadka”. Tym razem są to wspomnienia pisane nie w listach do Antoniego Wodzińskiego, lecz owe późniejsze, napisane na prośbę Aurelego Drogoszewskiego:

> Dość mi jest przypatrzeć się własnej mojej dziecięcej duszy, aby nabrać przekonania najmocniejszego, że nie przyszła ona na świat kartą niezapisaną, lecz owszem, pokrytą znakami, w których mieściła się zagadka mojej przyszłości, a choć żadna moc zewnętrzna nie pracowała ani nad uwyraźnianiem, ani nad układaniem tych znaków w słowa dobitne, słowa się ułożyły i spełniła się zagadka (s. 55).

Po czym, aby ukazać owe wczesne znaki, powiada: „Więc trochę o swoim dzieciństwie napiszę”.

Tutaj „zagadka” to właśnie coś najistotniejszego, co wyznacza cały los, ale tym razem Orzeszkowa nie wiąże jej z żadnymi relacjami międzyludzkimi, przeciwnie: zagadka ma stanowić coś, co pisarka uważa za wrodzone, przyniesione na świat, za rodzaj przeznaczenia, które urzeczywistnia się samo z siebie: z przyniesionych na świat zawiązków – objawiających się już w dzieciństwie – rozwinie się potem w pełni. I Orzeszkowa opisze zaraz kilka takich zdarzeń z dzieciństwa, które uznaje za tego rodzaju znaki: czegoś wrodzonego, bo niedającego się w jej przekonaniu inaczej wytłumaczyć.

Oto jednak inny jeszcze fragment rozważań Orzeszkowej, który z kolei pochodzi z jej listu prywatnego. Pisała w 1883 roku do Jana Karłowicza:

> Każde istnienie, szczególniej zaś istnienie człowieka myślącego i czującego silnie, posiada jakiś fakt, jakieś uczucie, jakiś skarb czy jakąś nędzę, w których spoczywa zagadka szczęścia jego lub nieszczęścia, siły albo słabości[2].

Otóż Orzeszkowa w swojej prywatnej korespondencji, nieprzeznaczonej *dla świata*, wskazywała wielokrotnie, i to na przestrzeni całego swego życia, na pewną *nędzę*, w której spoczywała zagadka szczęścia jej lub nieszczęścia, siły albo słabości. I *nędza* owa stanowiła dla niej zagadkę właśnie w tym sensie owego słowa, że była dla niej niezrozumiała, choć usilnie starała się ją przeniknąć.

W 1879 roku pisała z Grodna do Jeża:

> Muszę powierzyć Panu jedną stałą zgryzotę mojego życia i zapytać, czy nie wyjaśni mi Pan jej źródła? Umysłowa organizacja moja działa dziwnie nieprawidłowo i niejednostajnie. Bywają tygodnie i miesiące, w których jest ona pełna sił, porywów, pomysłów, złych czy dobrych – to już inne pytanie, ale bardzo obfitych i energicznych. [...] Potem nagle bez żadnej widocznej i zrozumiałej dla mnie przyczyny myśl leniwieje, wyobraźnia milczy, godzinami całymi mogę siedzieć nad papierem bez napisania jednego porządnego okresu. [...] Z początku zawodu mego stany takie umysłowe wprawiały mnie w istotną rozpacz. Za każdym razem myślałam, że zdolności pisarskie, które uczułam była w sobie, były złudzeniem, chwilowym jakimś wyjątkowym usposobieniem, które przeszło i już nie wróci. Potem przekonałam się, że

[2] E. Orzeszkowa, *Listy zebrane*, t. III, do druku przygotował i komentarzem opatrzył E. Jankowski, Wrocław 1956, s. 52.

powraca, i już nie rozpaczam nigdy, tylko chwile zmarnowane wyrzucam sobie, gorzko ich żałuję, a najgorsze to, że bywają one nieraz bardzo długimi, tygodnie trwają i miesiące[3].

Orzeszkowa wylicza pomyślne okoliczności aktualnego życia, które powinny by pojawianie się takich stanów wykluczać, potem myśl jej zwraca się ku temu, że może „w martwym życiu tutejszym", w Grodnie, „brak bodźców", i zastanawia się dalej:

> Czy te są przyczyny owych letargów duchowych, którym podlegam? Czy może jest to już wrodzone jakieś kalectwo? Chciałabym bardzo wiedzieć, co Pan o tym myśli i czy nie znajdzie Pan na te nędze moje rady jakiej? [...] Czegóż bym nie dała za jakąś moralną higienę, która by mię mogła w lepszej równowadze zachować[4].

(Słowo „moralną" znaczy oczywiście w owych czasach „psychiczną", „wewnętrzną".)

W nieco późniejszym liście do Jeża Orzeszkowa wraca do tych stanów, znów próbuje przekazać coś z tego, czego w nich doświadcza, i uznaje te stany – stany niemocy – za fatalizm swojego życia:

> Na nieszczęście nikt oprócz mnie samej nie wie, jak ciągle i często walczę z niemocą, będącą istotnym fatalizmem mego życia. Najbliżsi nawet nie wiedzą ani dziesiątej części tego, co mi fizycznie i moralnie walka ta kosztuje. Tej wiosny były całe tygodnie, w których czułam się tak słabą, że nie tylko pisać i uczyć się nie mogłam, ale mówiłam z wysiłkiem wielkim i całą resztą woli bronić się musiałam od ogarniającej mię apatii i jakiejś bezdennej, czarnej melancholii[5].

Istotnie, z opisów pojawiających się w prywatnej korespondencji Orzeszkowej, czy nawet tylko ze wzmianek, wynika, że

[3] E. Orzeszkowa, *Listy*, t. I: *Dwugłosy*, pod kierunkiem J. Ujejskiego opracował L. B. Świderski, Warszawa–Grodno 1937, s. 95.
[4] Tamże, s. 96.
[5] Tamże, s. 130.

owa zagadka życia i duszy, którą uważała za prawdziwy fatalizm swojego życia – fatalizm, bo chodziło o cierpienie, które stale, nieustannie ponawiając się, niszczyło jej życie – to były pojawiające się raz po raz stany melancholii, w klinicznym sensie tego słowa.

Każdy, obcując z osobistą korespondencją Orzeszkowej, może przekonać się, jak często doznawała owych niszczących stanów i jak borykała się ze swoją wobec nich bezsilnością – oraz z niemożnością docieczenia ich przyczyn.

„Letargi duchowe", „dziwny stan przygnębienia i niejako osłupienia myśli i uczuć", „skamieniałość ducha", „w ciemną i niemą otchłań przemienienie", „martwa osłupiałość, w której sam jeden żyje ciężki, ciemny, niewypowiedziany i nigdy nikomu niewypowiadany smutek", „jakaś pustka i skamieniałość wewnętrzna", „stan pustego chwastu". I wreszcie: „żyjąc niby, nie żyję wcale". Śmierć wewnętrzna.

I zawsze brak przyczyn.

Stałe ponawianie się owych stanów było dla Orzeszkowej tym większą zagadką, że podobne, choć jeszcze nie tak ciężkie i długotrwałe, pamiętała już we wczesnym dzieciństwie. Skoro były w jej przekonaniu całkowicie bezprzyczynowe i występowały od wczesnego dzieciństwa, uznała je ostatecznie właśnie za coś wrodzonego. Portretując siebie dziecięcą w *Pamiętniku* pisanym w 1891 roku dla Ludwika Méyeta, stwierdzała:

> Miałam zawsze usposobienie do niewytłumaczonych smutków, które nie wiedzieć skąd, opływały niekiedy i topiły zwykłą moją wesołość i żywość (s. 30–31).

A w innym autoportrecie z czasów dzieciństwa, sporządzanym w listach do Antoniego Wodzińskiego, określiła owo coś wrodzonego tak:

> Skłonność do usposobienia, którego inaczej nazwać nie umiem, jak melancholią (s. 98).

I opisywała tam, jak owe stany pojawiały się u niej we wczesnych latach życia naprzemiennie ze stanami wzmożonej dziecięcej żywotności:

> Byłam wesołą, lada co cieszyło mię i rozśmieszało; ilekroć nie oddawałam się ulubionym zajęciom, kąty domu były pełne mego gadania i śmiechu. Ale ze zwykłym towarzyszem dzieciństwa, chochlikiem figlów i śmiechu, mieszkał we mnie duszek inny, który często, bez widocznej przyczyny, rozżalał się i szlochał. Budziły go do życia zewnętrzne zjawiska najrozmaitsze. Na przykład: szara godzina, salon pusty, obszerny, w jednym z jego kątów siedzę na szerokiej kanapie, otoczona lalkami i papierowymi figurkami, z których razem z siostrą układałam przed chwilą jakąś scenę historyczną, [...]. Siostra odbiegła, zostałam sama, zajęta, wesoła, wtem ktoś w dalekim pokoju zagrał na fortepianie, innym razem katarynka uliczna zajęczała za oknem – we mnie, razem z muzyką i zapewne z zapadającym zmrokiem, powstaje smutek – nie wiedzieć czego, tęsknota – nie wiedzieć za czym, opuszczam ręce, nieruchomieję, zapominam o zabawie, o niczym nie myślę, tylko czuję, że mi coraz smutniej... smutniej... jakby niewidzialna dłoń jakaś cisnęła mi w dół czaszkę, jakby z dna piersi podnosiła się mgła ciężka i boląca. Sama nie wiem, co mi jest, tylko czuję, że jest mi źle, wtem muzyka ustaje, do pokoju wnoszą lampę, mój duszek rozżalony milknie, ucieka, pozostawiając dziecko znowu wesołe, wiecznie czymś zajęte, zentuzjazmowane (s. 98).

Często, bez widocznej przyczyny, rozżalał się i szlochał. Często... I Orzeszkowa w swoich wspomnieniach z dzieciństwa opisuje jeszcze inne okoliczności, w jakich wówczas pojawiały się u niej owe stany uznane przez nią za przejaw wrodzonej, bo bezprzyczynowej i niewytłumaczonej skłonności do melancholii. Opisy te, do których jeszcze wrócę – a także najwcześniejszy pamiętany przez nią utwór własny, napisany, gdy miała parę lat, zatytułowany *Dzwon pogrzebowy*, o którym za chwilę – potwierdzają domysł, że przyczyny owych stanów dają się jednak dociec, i że to, co Orzeszkowa uważała za niewytłumaczone – można wytłumaczyć, czyli zrozumieć. To znaczy, że można dostrzec realne życiowe źródła tego, co uważała za przyniesione na świat, a co miało stać się, jak uznała, niszczącym fatalizmem całego jej późniejszego życia. Realne życiowe źródła, które tkwiły we wczesnodziecięcych relacjach z najważniejszymi dla niej w tym okresie życia osobami.

A skądinąd – czyż już sam domysł, jakie nieświadome treści psychiczne paroletniego dziecka znalazły wyraz, choć ono o tym nie wiedziało, w pamiętnym epizodzie z francuskim dyktandem, nie wystarczyłby, aby zrozumieć częste rozżalanie się i szlochanie dziecka? Ów smutek – nie wiadomo czego, tęsknotę – nie wiedzieć za czym?

Żałoba i melancholia

> W istocie, nie wiem, dlaczegom tak smutny.
> Już mam dość tego i wy też podobno.
> Lecz skąd to przyszło, jakem w ten stan popadł,
> Co on ma znaczyć, z czego powstał, jest to
> Dla mnie zagadka. Bądź jak bądź, takiego
> Smutek ten robi ze mnie niedołęgę,
> Że sam zaledwie mogę siebie poznać.
>
> Szekspir, *Kupiec wenecki*
> (przekład Józefa Paszkowskiego)

Rozsiane po prywatnej korespondencji Orzeszkowej wzmianki o dewastujących jej życie osoby dorosłej stanach psychicznych, które określiła jako melancholię, zgodne są w uderzający sposób z opisem objawów melancholii, jaki znajdujemy w klasycznej rozprawie Freuda *Żałoba i melancholia* z 1917 roku, która zapoczątkowała psychoanalityczne badania nad melancholią.

Freud, opierając się na spostrzeżeniach, jakich dostarczyła mu praktyka psychoterapeutyczna, widzi w żałobie i melancholii stany psychiczne pokrewne i stwierdza określone podobieństwa między nimi, ale też istotne różnice.

Żałoba to stan uczuciowy – smutku, przygnębienia, zaniku aktywności – wywołany utratą bliskiej osoby, spowodowaną przez jej śmierć, śmierć fizyczną. I powód ten jest nam oczywiście wiadomy. A melancholia to stan podobny, również wywołany utratą bliskiej osoby, i czasem może to być także utrata przez jej śmierć fizyczną, ale częściej jest to utrata psychiczna, przez jej śmierć psychiczną dla nas, w naszym życiu. Jak wtedy, gdy zostaje się przez tę osobę opuszczonym, odrzuconym, pokrzywdzonym, doznaje się jakiegokolwiek innego jeszcze poważnego rozczarowania tą osobą czy zawodu z jej strony. I powód ten wówczas może nie być nam wiadomy. Bo w stanach melancholii o wiele większy udział niż w stanach żałoby bierze nieświadoma sfera psychiki. Do tego stopnia, że ktoś, kto popadł w melancholię, może – jak pisze Freud – nie rozpoznawać świadomie, co utracił; albo wie, kogo utracił, ale nie rozpoznaje, co w tej osobie utracił. A kolejną, niezmiernie wyrazistą różnicę stanowi to, że w melancholii pojawia się pewien szczególny objaw, który nie występuje w żałobie – skrajna deprecjacja własnej osoby. Skrajna utrata poczucia własnej wartości. A nawet własnego „ja".

W żałobie świat zewnętrzny staje się pusty, powiada Freud, przybliżając wyobrażenie o tej różnicy, a w melancholii pusty staje się świat wewnętrzny. I analizuje nieświadome procesy psychiczne, w które uwikłany jest ten szczególny – i nieoczekiwany, bo zdawałoby się, niemający żadnego uzasadnienia – objaw melancholii: skrajna autodeprecjacja.

Pomijając w tej chwili kolejne ogniwa tej analizy i rezygnując z rozbudowanej terminologii psychoanalitycznej, można powiedzieć, że w melancholii psychiczna utrata kogoś albo, na równi, psychiczny brak kogoś, bo nie można utracić kogoś, kogo się nigdy nie miało – czyli żałoba po kimś – zamienia się w szczególny rodzaj żałoby po sobie samym, po własnym „ja"; w obumarcie wewnętrzne. Za które czyni się sobie gniewne, a nawet nienawistne, pełne pogardy wyrzuty. Pragnąc nawet za nie dla siebie kary... Natomiast osoba, o której utratę czy brak chodzi – znika z pamięci świadomej lub też jej strata czy brak nigdy w ogóle do świadomości nie dotarły. Pamięć o niej staje się nieświadoma (przez wyparcie jej ze świadomości) lub jej utrata czy brak tkwią niezmiennie w sferze treści psychicznych nieświadomych, niedostępne dla świadomości.

Jeśli więc chodzi o ponawiające się wciąż przez całe życie stany melancholii u Orzeszkowej, to dysponując po stu latach możliwościami określonego myślenia psychoanalitycznego, czyli przypuszczając, że przyczyny powodujące ów stan istniały, tylko były nieświadome, winniśmy dociec: p o k i m Orzeszkowa przeżywała w owych stanach żałobę, która zamieniała jej się w stany żałoby po sobie, w stany utraty własnego „ja", w stany – według jej wyrażenia, które już przytaczałam – „pustego chwastu"?

Nie dość, że w coś pustego, to jeszcze chwastu... W coś więc pozbawionego jakiejkolwiek wartości, a nawet godnego wzgardy. Gorzej. Bo w tej metaforze wyraża się coś więcej niż czynienie sobie za doznawany stan wyrzutów („chwile zmarnowane wyrzucam sobie", relacjonowała w przytaczanym tu fragmencie listu do Jeża), czy niż nienawidzenie siebie („Nienawidzę siebie samą w dniach takich", pisała w 1908 roku do Tadeusza Bochwica). Chwast wyrywa się i niszczy. Ukarać za istnienie. Niech nie istnieje. Zniszczyć.

Autodeprecjacja i autodestrukcja rozciągała się u Orzeszkowej w owych stanach oczywiście także na własną twórczość. Uznawała ją wtedy za niedołężną. Albo zbyteczną. Zwierzała się w jednym z listów do Jana Karłowicza w 1886 roku (a był to rok pisania *Nad Niemnem*):

> Coraz większe, coraz uporczywsze napada mię zwątpienie i o wartości mojej pracy, i o jej potrzebności. Czuję sama, że jest to trochę chorobliwe, ale obronić się temu nie umiem i często po

tygodni lub miesięcy parę nie piszę, męczę się bezczynnością, pisać chcę, ale nie piszę, bo myślę, że co zrobię, to będzie niedołężnym, a gdyby nawet takim nie było, na nic się nie zda. Spowiadam się przed Panem i o pobłażliwość proszę. Mam istotnie chore nerwy i więcej jeszcze od nich chorą duszę. Przyzwyczajenie do pracy, gorączka myśli i obrazów zwyciężają często i wtedy piszę znowu, ale połowę czasu tracę przez te dziwactwo, czy przez tę histerię, czy może raczej przez to wszystko, co źródłem ich było[6].

Źródłem... Czy więc jednak znała źródło?

Freud, dociekając psychicznej złożoności melancholii, jej głębokich wewnętrznych powikłań, doszedł do przekonania, że człowiek popada w stan melancholii, ponieważ u samego nieświadomego dna duszy nie chce obwiniać osoby, która go zawiodła czy skrzywdziła, nie chce zwracać się przeciwko niej. Dlatego zwraca się przeciwko sobie.

Puste gniazdo
Bezwiedne wyznania zawarte w metaforach

Zanim wrócę do wspomnień Orzeszkowej z dzieciństwa, związanych z tym, co uznawała za wrodzoną, bo bezprzyczynową i niewytłumaczoną, a pamiętaną od wczesnych lat skłonność do melancholii, zatrzymam się przy pewnym epizodzie z jej w pełni dorosłego życia.

Miała czterdzieści dwa lata, gdy doznała kryzysu psychicznego o cechach skrajnie ciężkiej melancholii, z całkowicie świadomymi, samobójczymi pragnieniami zniszczenia siebie, stanu, którego przyczynę znała, ponieważ spowodowany został przez aktualne wydarzenie życiowe – zawód uczuciowy i moralny ze strony najbliższego jej od kilkunastu lat człowieka. Była to więc sytuacja doznanej tu i teraz utraty psychicznej. Żałoba po aktualnej utracie psychicznej.

[6] E. Orzeszkowa, *Listy zebrane*, t. III, s. 76–77.

Przyczyna zatem miała być jedna. Ale Orzeszkowa, pisząc wtedy do zaprzyjaźnionego z nią Ludwika Méyeta o istocie doznawanego, skrajnego cierpienia, podała nie tę jedną przyczynę, lecz dwie.

Uczyniła tak w liście z Grodna z 29 października 1883 roku (nie podając żadnych konkretnych szczegółów sprawy aktualnej, jako że dotyczyła właśnie najbliższej jej wówczas osoby). Najpierw bowiem ujmuje sedno przeżywanego obecnie cierpienia – to, co według innego jej wyrażenia z tego listu „utopiło się w sercu sztyletem" – jako „jad tej myśli: nie jestem kochana"; przy czym kontekst wskazuje jednoznacznie, że chodzi o aktualny zawód i że dotyczy on miłości erotycznej. Jednak w samym zakończeniu listu, wracając do owej aktualnej przyczyny obecnego cierpienia i ujmując ją w słowa, w których mówi o sobie, że jest „bardzo, bardzo głęboko zraniona", Orzeszkowa poprzedza tę aktualną przyczynę – inną jeszcze przyczyną, dawniejszą, i łączy obie w jedną całość. Dziękując mianowicie Méyetowi za psychiczne wsparcie, jakie w obecnej swojej sytuacji od niego i innej z przyjaznych osób dopiero co otrzymała, pisze w ostatnim zdaniu:

> W zamian nie mogę nic więcej, jak kochać Was z całego serca i być Wam tak wdzięczną, jak nią być może tylko istota urodzona w pustym gnieździe, a potem bardzo, bardzo głęboko zraniona...[7]

Owo „potem" odnosi się do 'teraz', do aktualnego zdarzenia, aktualnej przyczyny skrajnie ciężkiego stanu psychicznego Orzeszkowej. Ale z tego, co tu powiedziała, wynika, że istnieje jeszcze inna jego przyczyna, wcześniejsza, z innego czasu jej życia, dawno minionego, bo z samego jego zarania. Tak jakby ów czas z zarania życia wciąż w jej wnętrzu trwał i jakby trwało doznane w zaraniu życia cierpienie, łącząc się w jedno z cier-

[7] E. Orzeszkowa, *Listy zebrane*. t. II, do druku przygotował i komentarzem opatrzył E. Jankowski, Wrocław 1955, s. 20–21.

pieniem wywołanym przez zdarzenie obecne. I przyczyna ta, wymieniona jakby jednym tchem, na równi z przyczyną aktualną, została przez Orzeszkową określona jako urodzenie się w pustym gnieździe.

Co to określenie znaczy? To jest – co znaczyło dla Orzeszkowej? Czy mogło znaczyć – zważywszy kontekst listu i kontekst aktualnej sytuacji życiowej – coś innego niż również to: „jad tej myśli: nie jestem kochana"? Chociaż chodziło o inny czas, inne osoby i o inny rodzaj miłości?

Zadziwiający jest ten autoportret wewnętrzny, ten skrót wewnętrznych dziejów całego dotychczasowego, czterdziestodwuletniego życia: „istota urodzona w pustym gnieździe, a potem bardzo, bardzo głęboko zraniona". Jakie wyjawiły się w nim prawdy wewnętrzne?

Jakby obecny cios sztyletem, obecne zranienie, to było ponowione zranienie; jakby otworzyło – i rozkrwawiło – najdawniejszą ranę, najgłębszą, ranę pierworodną.

I jakby dlatego, że otrzymane rany były teraz dwie, a w istocie dlatego, że nowa powstała z ugodzenia w to samo miejsce i otworzyła, rozkrwawiając, dawną ranę, pierworodną, cierpienie stało się aż śmiertelne.

Czy więc Orzeszkowa wiedziała – przynajmniej w owym wyjątkowym momencie, pisząc jednym tchem to ostatnie zdanie listu – że wie? Wiedziała, że wie, po kim – skoro wie, że urodziła się w pustym gnieździe – przeżywa całe życie żałobę pierworodną?

A jednak – jakby tego właśnie nie wiedziała. Bo wówczas gdy dla swoich stanów melancholii nie umie znaleźć żadnej aktualnej przyczyny, w aktualnych zdarzeniach życia, dostępnych jej świadomości, nie wie, że przyczyną jest owa praprzyczyna. Trwająca wciąż nieświadomie – nieświadomym treściom psychiki właściwy jest czas-trwanie, bezczas, niezmienna teraźniejszość – przyczyna pierworodna: urodzenie się w pustym gnieździe. Trwająca wciąż wewnętrznie, nieświadoma żałoba pierworodna, przemieniona w melancholię.

„Nie mógłby pojąć samego siebie ten, kto by zatracił pamięć o swoim dzieciństwie" – pisała Orzeszkowa we wspomnieniach przesłanych Aurelemu Drogoszewskiemu (s. 54).

Ale jest pamięć świadoma i jest – jak już współcześnie wiemy – pamięć nieświadoma. Wszyscy w tej czy innej mierze zatracamy świadomą pamięć o swoim dzieciństwie, zwłaszcza najwcześniejszym, i zwłaszcza – co właśnie też już wiemy – gdy jej treści są zbyt bolesne, zbyt zagrażające, zbyt niszczące dla naszej całkowicie wówczas bezbronnej psychiki. Treści te pozostają jednak w naszej pamięci nieświadomej – i bez naszej świadomej wiedzy wpływają na nasze życie. Toteż nie może pojąć samego siebie ten, kto nie zyska dostępu do nieświadomej pamięci swojego dzieciństwa.

Trzeba zatem wrócić do pytania, co dla Orzeszkowej znaczyło wyrażenie, że jest istotą urodzoną w pustym gnieździe. Po kim było ono puste?

Wariant tego wyrażenia pojawia się przeszło dwadzieścia lat później, już nie w korespondencji najściślej prywatnej i pod szczególnym wpływem aktualnego wówczas, psychicznie zabójczego zdarzenia z życia dorosłego, ale we wspomnieniach z dzieciństwa pisanych na prośbę Aurelego Drogoszewskiego *dla świata*, czyli na użytek publiczny. Wyrażenie o urodzeniu się w pustym gnieździe wbudowane jest tutaj jednak w wypowiedź bardzo osobliwą:

> Miałam nieszczęście urodzić się w gnieździe osamotnionym i pustym, bo z dwojga tylko znajdujących się w nim piskląt jedno wkrótce zniknąć miało (s. 57).

Drugie, wkrótce zniknione pisklę, to starsza o trzy lata siostra. Nieszczęście więc miało polegać na tym, że gniazdo, gdy przyszła pisarka w nim się urodziła, było osamotnione i puste – po siostrze? Po siostrze, która mając trzynaście lat, kiedy młodsza siostra miała lat dziesięć, umarła? Przecież gdyby miało chodzić o starszą siostrę, to gdy młodsza siostra się urodziła, nie urodziła się w gnieździe osamotnionym przez siostrę i pustym po siostrze: ta, będąc starszą siostrą, właśnie w gnieździe była. I była w nim jeszcze przez pierwszych dziesięć lat życia młodszej siostry. A skądinąd – jeżeli gniazdo było osamotnione i puste, bo siostra umarła, to znaczy, że nikogo innego poza siostrą w gnieździe nigdy nie było? P u s t e! Nie było w nim, ani przedtem, ani potem, najważniejszych, zdawałoby się, dla gniazda istot – tych, które stworzyły gniazdo? I powołały do życia dwoje piskląt? I jak można w ogóle urodzić się w pustym gnieździe? Przecież musi w nim być przynajmniej ta jedna istota, która nas w nim rodzi... Coś tu jest niewyobrażalnego...

W tej wypowiedzi o nieszczęściu coś jest tak osobliwie niejasnego i zagmatwanego, że nie da się tego zastosowanym tu programowo, zdroworozsądkowym trybem myślenia rozwikłać i wyklarować.

Ależ bo to metafora! Tak, lecz właśnie osobliwie niejasna i zagmatwana.

Tego rodzaju zagmatwanie powstaje z bezwiednej walki między dwiema różnymi, a nawet przeciwstawnymi treściami – świadomą i nieświadomą – o znalezienie wyrazu. Mówi się jedno, aby – nieświadomie – nie dopuścić do wyjawienia się drugiego, a nawet by zakryć drugie, ale owo drugie zostaje wyjawione właśnie przez to, czym jest zakrywane. Wypowiedź bowiem jest tu tak ukształtowana, że odwraca uwagę od matki i ojca – od ich braku w gnieździe – skupiając ją na siostrze, jednak zarazem tylko brak matki i ojca w gnieździe tłumaczy to, co mówi się tu o siostrze: że to jej brak był owym nieszczęściem, stwarzającym osamotnienie i pustkę w gnieździe.

Na jakiej jednak podstawie przypuszczać należy, że zdradziecka osobliwość tej wypowiedzi wytworzyła się Orzeszkowej bezwiednie? Czyli że Orzeszkowa z sensu owej wypowiedzi, wyjawiającego się z ukrycia, choć właśnie zakrywanego, nie zdawała sobie sprawy?

Gdyby zdawała sobie z tego sprawę, wypowiedź ta nie znalazłaby się w jej wspomnieniach z dzieciństwa *odsłanianych przed światem*, bo na to, jak pamiętamy, nie zgodziłoby się *serce jej i sumienie*. Przypomnę, na co się nie zgadzało:

> Trzeba by chyba tortur, niepodobnych do przeniesienia dla ciała mego, aby dusza moja wydała przez usta me skargę i obwinienie przeciw tym, którzy na jakikolwiek sposób byli mi kiedykolwiek drodzy i z którymi jeden choćby dzień jasny przeżyłam.

A na co ów zdradziecki sens skarżyłby się i o co obwiniał – i kogo – gdyby był świadomy?

„Byłyśmy swobodne i samotne" – pisze Orzeszkowa do Wodzińskiego we wspomnieniach przeznaczonych *dla świata* o dzieciństwie swoim i siostry (s. 97). A więc były samotne obie; i ona, młodsza siostra, już była samotna za życia starszej siostry, wraz z nią; tak samo samotna jak starsza siostra. Obie były samotne, a tylko wzajemnie ze sobą związane – jak to Orzeszkowa ze szczegółami opisuje – niezwykle silną i niemal sobowtórową więzią. Obie więc żyły w pustym gnieździe. Wyjawiają to już bez żadnej wątpliwości kolejne bezwiedne wyznania zawarte w metaforach:

> Rozwijałyśmy się, jak kwiaty przedwczesne nad śniegiem; bujniejszy zginął, drobniejszy przetrwał [...].

Jak kwiaty *przedwczesne*... Pojawiły się nie w porę. Nikt na nie nie czekał. Były dziećmi niechcianymi. Były zbędne. (To dlatego Orzeszkowa do końca życia doznawała tego, o czym tak pisała w 1908 roku do Tadeusza Bochwica: „Niczego więcej nie lękam się w stosunku do tych, którzy mi są drodzy i mili, i serdecznie kochani, jak być im zbyteczną".) *Nad śniegiem* się rozwijały... W niszczącym możność przetrwania zimnie emocjonalnym. Od którego jedno dziecko zginęło śmiercią fizyczną (jak to? więc i to już Orzeszkowa wiedziała, nie wiedząc, że wie?), a drugie przez całe życie ginęło z śmiercią psychiczną w sobie:

> [...] drobniejszy przetrwał, na zawsze smutny tym, że został samotnym (s. 97).

Ale przecież był już samotny, zanim bujniejszy zginął; wraz z nim, tak samo samotnym, tak samo przedwczesnym, tak samo rozwijającym się nad śniegiem.

A więc w samotności dziecka, które przetrwało, były dwie różne samotności, zlane w jedno. W pełni świadoma – w czasach dziecięcych – samotność po zniknięciu siostry i nieświadoma – w owym okresie życia – samotność pierworodna. W smutku „na zawsze", o którym pisze tu Orzeszkowa, były dwa smutki; jeden od zawsze. Dlatego był to smutek aż do śmierci. Podobnie jak w przyczynie stanu skrajnie ciężkiej melancholii, której doświadczyła Orzeszkowa, mając czterdzieści dwa lata, były dwie przyczyny; i dlatego stan ten był ciężki śmiertelnie.

Toteż gdy w kilka lat po wspomnianym ciosie osobistym Orzeszkowa pisze do Henryka Elzenberga, że cios ten spowodował nieusuwalne już odtąd, nieodłączne od całej jej egzystencji cierpienie:

> Jestem już bodaj na zawsze bardzo smutna i mam w sobie strunę niepocieszoną, która płacze i żałosną pieśń śpiewa we mnie zawsze, czy kiedy milczę lub mówię, czy kiedy śmieję się lub pracuję, czy kiedym sama lub z ludźmi...[8]

– to słowa te tworzą rodzaj palimpsestu, z którego przeziera inna, pierwotniejsza prawda wewnętrzna o płaczącej zawsze, niepocieszonej strunie z zarania życia. Z zarania, którym było urodzenie się w pustym gnieździe.

Wyrażenie to pojawia się u Orzeszkowej jeszcze raz, tym razem nie w korespondencji prywatnej i nie we wspomnieniach z dzieciństwa pisanych w dalszych latach *dla świata*, ale w utworze literackim. Włożyła je w usta młodej bohaterki jednego ze swoich późnych opowiadań, Anastazji. I tym razem wyrażenie to wbudowane jest w jeszcze inną wypowiedź.

[8] Cytuję według: E. Jankowski, *Eliza Orzeszkowa*, PIW, Warszawa 1964, s. 240.

Młoda wiejska dziewczyna mówi o sobie:

> Jak ten ptak, co urodzi się w pustym gnieździe, ja rosłam jak to drzewo, które chyba wiatr światem lecący kiedy niekiedy pogłaszcze [...]...[9]

Metafora urodzenia się w pustym gnieździe została tu połączona z kolejną metaforą, dzięki czemu dokonuje się poetycko coś niemożliwego: w i d z i m y o w ą p u s t k ę, o której tu mowa, a której sensu poprzednio tak trudno było dociec. W i d z i m y w obrazie drzewa, że jest samo jedno. Samotne. Tylko ono, drzewo. Żadnych innych drzew wokół niego nie ma. Nie ma niczego. Taki jest tedy sens owej pustki w gnieździe: żadnych innych ptaków; nikogo.

Domysł, że owa p u s t k a to symboliczne zobrazowanie braku miłości rodzicielskiej od samego zarania życia, od samych narodzin, od zawsze, potwierdzony jest przez dotworzenie do obrazu drzewa tego szczegółu, że „chyba wiatr światem lecący kiedy niekiedy [je] pogłaszcze", a zaraz potem przez kolejne słowa Anastazji, o dziadkach:

> [...] i tylko dwoje tych stareńkich przy mnie było, od złych ludzi mnie broniło... całe miłowanie, jakie na tym świecie miałam, od nich tylko miałam...

W wypowiedzi postaci fikcyjnej ów sens użytej metafory jako skargi na brak miłości rodzicielskiej mógł zostać wyrażony jasno...

Jednak również w tak jasno już rozumianej metaforze urodzenia się w pustym gnieździe pozostaje coś jeszcze, coś nieuchwytnego, mimo – a może właśnie dlatego – że wyobraźnia nasza, prowadzona przez nią, a wspomagana teraz jeszcze przez obraz samotnego drzewa, aż naocznie ujrzała tę pustkę. Owo coś próbowaliśmy już raz pochwycić pytaniem, które teraz,

[9] E. Orzeszkowa, *Anastazja*, w: *Anastazja. ...I pieśń niech zapłacze*, „Czytelnik", Warszawa 1977, s. 29–30.

wobec takiej naoczności pustki, pojawia się znowu: jak można urodzić się w pustym gnieździe – czyli z nikogo?

W metaforze owej znalazło chyba wyraz coś z doświadczenia, które, zdawałoby się, jest w słowach absolutnie niewyrażalne. Sięgającego być może aż życia płodowego. Z doświadczenia samotności już w łonie matki; braku matki, gdy było się w łonie matki. Było się wewnątrz niej, a jej tak jakby nie było, bo nasze istnienie nie miało dla niej żadnej wartości, było całkowicie zbyteczne.

Do uchwycenia owego czegoś z niewyrażalnych prawd wewnętrznych, które przezierają z metafory urodzenia się w pustym gnieździe, przybliżyć nas może inna metafora, innego pisarza, wiele dziesiątków lat późniejsza. Pojawiła się ona w pisarstwie autobiograficznym jednego z wielkich twórców dwudziestowiecznych. Jest to metafora wywodzenia się z zimnego łona. Jej sens tym razem został dopowiedziany. Był świadomy. Zawiera ją wyznanie Ingmara Bergmana w jego *Obrazach*, o dokonanym przez niego rozpoznaniu (przytaczam te słowa w przekładzie Tadeusza Szczepańskiego): „jestem dzieckiem niepożądanym, wyrosłym z zimnego łona". Wyznanie to powtarza się w pisarstwie Bergmana w różnych wariantach, bo dotyczy doświadczenia, z którym borykał się przez całe życie. I które przez całe życie – w różnoraki sposób – próbował wyrazić. W jednym z jego arcydzieł filmowych pojawia się jako obraz śnionego przez bohatera karawanu pogrzebowego, wiozącego ulicami zupełnie pustego miasta trumnę; karawanu, który, niby łono matki, wyrzuca z siebie ową trumnę, chybocząc się gwałtownie, jakby w skurczach porodowych, przy dającym się słyszeć, choć ledwo słyszalnym, płaczu noworodka. A za chwilę bohater ujrzy w owej trumnie siebie samego, w teraźniejszej postaci…

Niedościgniony wyraz poetycki owego doświadczenia znalazł poeta wszelkich niewyrażalności słownych, Leśmian, w wierszu *Klęska*:

Nim cios we mnie uderzył – wprzód zbrakło zbawienia.
A gdym wołał o pomoc – tak nagle się stało,
Jakbym najpierw miał ranę, a później – to ciało...
Bo między mną a klęską – żaden czas nie płynął –
I nie było tych godzin, gdym jeszcze nie zginął.

Pośmiertny ojciec

W czasach swojego nieszczęśliwego małżeństwa Orzeszkowa (jak wiemy, wydana przez matkę za mąż, gdy miała niespełna siedemnaście lat, za trzydziestopięcioletniego *koniarza*, który ożenił się z nią, po dwu wizytach, by móc roztrwonić jej majątek) pisała dla siebie samej „strofy prozą", jak nazwała swoje zapiski, w których notowała różne obserwacje i rozmyślania. Znalazła się też w nich wewnętrzna rozmowa ze zmarłym we wczesnym dzieciństwie ojcem.

W takiej właśnie rozmowie zwracała się do ojca, mówiąc:

> Oczy ciała mego nie widziały cię nigdy, boś umarł wtedy, gdym nie czuła jeszcze, co ból albo radość i jakim nieograniczonym szczęściem jest kochać ojca!...[10]

Myliła się najzupełniej. Już najmniejsze dziecko czuje, co ból albo radość i – jak wiemy obecnie – doświadcza wielkiej złożoności uczuć związanych z najważniejszymi dla niego wówczas emocjonalnie osobami swojego życia. Tylko później zwykle tego nie pamięta. To, co czuło, pozostaje jednak w jego pamięci nieświadomej – i wpływa na jego dalsze życie. Dając o sobie znać w sposób, który wydawać się może bezprzyczynowym i niewytłumaczalnym.

Orzeszkowa przy tym myliła się także, wspominając, że ojciec umarł, gdy miała półtora roku, bo z dat wynika, że miała wtedy dwa lata i cztery miesiące. Omyłka ta najprawdopodobniej wiązała się ściśle z ową niepamięcią – amnezją – w sferze świa-

[10] Cytuję według: E. Jankowski, *Eliza Orzeszkowa*, s. 24.

domej, z poczuciem, że nie może, skoro było to tak wcześnie w jej życiu, tak dawno, niczego pamiętać. Ale nawet gdyby miała wtedy tylko półtora roku, to zgodnie z wiedzą o człowieku, jaką zyskaliśmy w ciągu ostatnich stu lat, osoba ojca i jego utrata – żałoba po ojcu – byłaby pamiętna w jej psychicznym życiu nieświadomym, a stąd, jako że istotne treści nieświadome zawsze dążą do jakiegokolwiek wyrazu, pamięć ta kołatałaby do jej życia świadomego. I czyniła to istotnie – jako nieznająca swego źródła melancholia.

Działo się tak właśnie – jak można sądzić – w opisywanych przez Orzeszkową epizodach z dzieciństwa, które uważała za przejaw wrodzonego „usposobienia do niewytłumaczonych smutków", za przejaw czegoś, co „przyniosła na świat w duszy", dopatrując się w tym nawet „odrobiny metafizyki", jak pisała we wspomnieniach dla Aurelego Drogoszewskiego.

W epizodach tych widzieć można mglisty, nierozpoznawalny dla niej wyraz nieświadomej pamięci o utracie ojca, żałoby po ojcu, tak głęboko nieświadomej, że w dzieciństwie na powierzchnię mogło coś się z niej przebić tylko jako niewysłowiony – według określenia Orzeszkowej – smutek. A dokonywało się to przede wszystkim – jak dowiadujemy się z jej wspomnień – pod wpływem smutnych dźwięków. To na ich smutek odzywała się w niej rezonansem owa *struna niepocieszona, która płakała i żałosną pieśń śpiewała w niej zawsze*, tylko wówczas o niej nie wiedziała.

Jeden opis takich dziecięcych epizodów już tu obszernie przytaczałam. Szara godzina w pustym salonie, „wtem ktoś w dalekim pokoju zagrał na fortepianie, innym razem katarynka zajęczała za oknem"... Tak, zajęczała. Pewnie więc owa daleka gra na fortepianie też była smutna. „We mnie razem z muzyką i zapewne z zapadającym zmrokiem, powstaje smutek – nie wiedzieć czego, tęsknota – nie wiedzieć za czym"... „Jakby z dna piersi podnosiła się mgła ciężka i boląca". Z dna pamięci-niepamięci... Tylko mgła... Mgła, która będzie w niej później budziała niewytłumaczalny smutek, gdy pojawi się w wiejskim krajobrazie...

Przedstawiając te same domowe okoliczności w *Pamiętniku* pisanym na prośbę Méyeta, Orzeszkowa tym razem podaje więcej szczegółów dotyczących przeżywania owego przemożnego smutku:

> W domu, jeszcze za życia Klemuni, kiedy o szarej godzinie zagrała na ulicy katarynka albo z dalszych pokojów doszła muzyka mamy na fortepianie, ogarniał mnie smutek niewysłowiony i tak dolegliwy, że miejsca sobie znaleźć nie mogąc, ze sprzętu na sprzęt się przenosiłam, od jednej do drugiej osoby przechodziłam, nigdzie i niczym uspokoić się nie mogąc (s. 31).

We wspomnieniach pisanych dla Aurelego Drogoszewskiego Orzeszkowa wraca do tych szczegółów – jakże więc były dla niej ważne, choć niezrozumiałe – jeszcze raz. Pisząc znów „o tych głębokich, głębokich smutkach i roztęsknieniach, które opadały mię nie wiedzieć dlaczego, nie wiedzieć za czym, bez najmniejszej zewnętrznej przyczyny", i powtarzając: „Budziły się one we mnie najpospoliciej przy muzyce i o szarej godzinie", dodaje, że zawsze chodziło o muzykę oddaloną, i wspomina:

> Pamiętam, że gdy za oknami na ulicy odzywały się tony katarynki, coś mi się takiego w piersi czyniło, coś tam tak bolało, tęskniło, że siadałam na ziemi i albo płakałam, albo z głową o ścianę czy sprzęt jaki opartą siedziałam cichutko, nie rozumiejąc, co mi jest, ale czując, że jest tak źle... tak źle! (s. 79).

Wtrącę, że w pewnych objawach zagadkowej dla grodzieńskich lekarzy choroby, która przedwcześnie, w 1911 roku, doprowadziła do zgonu Orzeszkowej, widzieć można ucieleśnienie owego uczucia już z czasów wczesnego dzieciństwa, które opisuje ona jako podnoszenie się z dna piersi mgły ciężkiej i bolącej, jako coś takiego, co jej się w piersi czyniło, co bolało i tęskniło...

Podobne stany pojawiały się potem, podczas pobytu na pensji, w klasztorze sakramentek w Warszawie, gdzie taki sam przemożny smutek wzbudzał w dziewczynce „dolatujący z jakichś głębin", nocą, śpiew zakonnic, „chóralny, przewlekły, smętny". A także nocne bicie zegara i dźwięk dzwonu. Jak pisze Orzeszkowa w *Pamiętniku*, na zawsze został jej też w pamięci obraz pewien, z czasów jeszcze późniejszych, gdy mieszkała w majątku męża, Ludwinowie:

> Ludwinów położonym był na rozległej płaszczyźnie poleskiej, pośród lasów i łąk wilgotnych, z których u końca lata i przez całą jesień dobywały się mgły lekkie, blade, cały widnokrąg przysłaniające i nadające mu charakter smętku i melancholii. Otóż [...] ilekroć wyszedłszy za bramę dworu zobaczyłam na polu chłopów śród tej mgły popychających sochy i usłyszałam smętne przewlekłe wołanie ich na woły, robiło mi się smutno, taki żal nad tymi ludźmi mię ogarniał, że od płaczu wstrzymać się nie mogłam (s. 45–46).

Tak więc począwszy od dalekiej muzyki fortepianowej, której emocjonalnego tonu możemy się domyślać, skoro mowa potem o jęczącej za oknem katarynce, i s m ę t n y c h śpiewów zakonnic, aż po s m ę t n e wołania chłopów wśród mgły – tym, co najczęściej wywoływało u niej w dzieciństwie i jeszcze później niewytłumaczalne stany przemożnego i bezbrzeżnego smutku, była muzyka i podobnie jak muzyka, asemantyczne, lecz przepełnione szczególnym znaczeniem emocjonalnym dźwięki.

Wyjątkowa zaś zdolność dźwięków – a zwłaszcza muzyki – do wydobywania z nas, choćby niejasno, naszych uczuć nieświadomych, znoszenia lub przynajmniej osłabiania zapór, które się w nas wobec tych uczuć wytworzyły, zdolność do wzbudzania w nas emocjonalnego przeżywania treści niewyrażalnych słownie, jest obecnie powszechnie uznana.

Oto pewien przykład z autobiograficznego pisarstwa polskiego w XIX wieku, który ukazuje tę wyjątkową właściwość muzyki z niezwykłą wyrazistością.

Zawiera go zachowana część pamiętnika pisanego w 1854 roku przez Zofię Szymanowską, malarkę, przyrodnią siostrę Celiny Mickiewiczowej, późniejszą żonę Teofila Lenartowicza. Zofia Szymanowska straciła ojca, mając siedem lat – i nic z tego nie pamiętała: ani tej utraty, ani samej osoby ojca; tak jakby nigdy w jej życiu nie istniał. Ale późniejsze dzieciństwo przeżyła w stanie szczególnego otępienia umysłowego i uczuciowego, cierpiąc zwłaszcza na „brak zupełny pamięci" przy pobieraniu nauk; w stanie jak gdyby letargu wszystkich władz wewnętrznych:

> Długo zdawało się, że u mnie wszelkie czucie uśpione, a władza myślenia, zastanawiania się, nawet całkiem mi odjęta; byłam wtedy usposobienia jakiegoś dziwnie ociężałego – mało mówiąca, często zasępiona lub ospała[11].

I z owego letargu wybudziła ją nagle i gwałtownie muzyka – wyuczone „ze szczególniejszym zamiłowaniem" fortepianowe „andante minorowe", więc utwór powolny i smutny:

> Raz grając je w obecności nauczyciela, doznałam jakiegoś dziwnego smutku; przerwałam nagle zaczętą melodię i siedziałam chwilę nieruchoma – nie rozumiałam co mi było, tylko czułam niezwykłe w sobie wzruszenie; po chwili zaczęłam grać na nowo, wtedy przeszłam w inny, jeszcze dziwniejszy stan – obrazy jakieś snuły mi się po myśli – a wszystkie smutne – nawet ponure; w końcu wystawiłam sobie, iż gram marsz pogrzebowy – że podobną muzykę wykonywać musiano na pogrzebie ojca mojego... Z tym szczególniejszym wyobrażeniem zerwałam się od fortepianu zalana łzami, i ukryłam się w odosobnionym pokoju, by się wypłakać dowoli. Zaiste było to gwałtowne przebudzenie się czucia; owe jakieś obrazy, myśl o pogrzebie ojca, którego nie pamiętałam – pogrzebu też nie widziałam, bo ojciec bawiąc w Warszawie dla kuracji, umarł – wszystkie te wyobrażenia były całkiem

[11] Z. Szymanowska, *Pamiętnik*, w: T. Boy-Żeleński, *Brązownicy*, Towarzystwo Wydawnicze „Rój", Warszawa 1930, s. 210–211.

fantastyczne, niczym nie wytłomaczone. – Po tym pierwszym silnym wstrząśnieniu, zaczęłam coraz szybsze robić postępy w muzyce i rysunku[12].

Wiemy już zatem, czym był ów letarg wszystkich władz umysłowych dziecka:

takiego
Smutek ten robi ze mnie niedołęgę...

Owo szczególne zubożenie własnego „ja" – rodzaj pustki wewnętrznej, wewnętrzne obumarcie – wywołane zostało wypartą z pamięci świadomej żałobą po ojcu, bólem jego utraty, trzymanym nieświadomie w psychicznym zamknięciu. To właśnie zapory tego wewnętrznego uwięzienia zostały zniweczone przez muzykę. Wywołując nawet pojawienie się obrazów – typowego środka wyrazu treści nieświadomych. Obrazów „fantastycznych", jak wydawało się Zofii Szymanowskiej. Ależ wielce rzeczywistych; wyjawiających prawdy jej rzeczywistości wewnętrznej.

Utrata ojca nastąpiła w życiu Orzeszkowej wcześniej niż w życiu Zofii Szymanowskiej (znamienne, że ją także, jak Orzeszkową, myliła pamięć świadoma co do własnego wieku w chwili śmierci ojca, sądziła bowiem, że nastąpiło to, gdy miała pięć lat, a z porównania dat wynika, że siedem). I prawdopodobnie dlatego w dzieciństwie Orzeszkowej nie doszło nigdy do takiego gwałtownego i pełnego wyjawienia się treści nieświadomych (współcześnie nazywa się to wstrząsem psychoanalitycznym), jak w dzieciństwie Zofii Szymanowskiej; pojawiał się tylko sam bezbrzeżny smutek i poczucie, jak wynika z opisów, niemożności życia.

Może jednak w owym szczególnym oddziaływaniu na Orzeszkową w dzieciństwie dobiegających z pewnego oddalenia, powolnych i smutnych dźwięków, czy to bicia dzwonu lub uderzeń zegara, czy muzyki, i to o zmierzchu lub nocą, czy we mgle,

[12] Tamże, s. 211–212.

kryła się nawet pewna realna wspomnieniowa reminiscencja związana właśnie z pogrzebem ojca. Pisząc bowiem w swoich wspomnieniach o śmierci starszej siostry, pamięta – z czasu, gdy miała dziesięć lat – taki szczegół dotyczący eksportacji trumny siostry z domu do kościoła:

> Gdy tylko mieszkanie opróżniło się z domowych i gości, pobiegłam ku oknu, aby zobaczyć orszak pogrzebowy, który mnie zaciekawił, ale zaledwie blask pochodni uderzył mnie w oczy i muzyka zagrała marsza żałobnego, upadłam na ziemię tak krzycząc, płacząc i włosy rwąc z głowy, że dwie pozostawione przy mnie kobiety, rady dać mi nie mogąc, służbę po lekarzy rozesłały (s. 29).

Przychodzi na myśl, że może reakcja dziecka na muzykę żałobną – za oknem, powolną, miarową, smutną, o zmierzchu lub o zmroku, skoro blask pochodni uderzał w oczy – stała się nagle aż tak gwałtowna, bo to nie pierwszy raz w życiu słyszało taką muzykę, towarzyszącą o takiej porze wyprowadzaniu z domu do kościoła trumny. I może za pierwszym razem, gdy dziecko miało niespełna dwa i pół roku, a smutny, powolny, miarowy marsz żałobny oddalał się spod domu wraz z konduktem ku kościołowi, dawał się słyszeć miarowy dźwięk dzwonu pogrzebowego...

We wspomnieniach Orzeszkowej zastanawia jeszcze jeden opis pojawiania się takich niewytłumaczalnych, jak sądziła, stanów nagłego cierpienia – „przy pacierzach wieczornych, które zwykle u kolan babki odmawiałam":

> Czasem tak mię coś przy nich zaczynało boleć w piersiach, tak się we mnie coś piekącego, dręczącego rozlewało, że opuszczałam głowę na kolana babki i milkłam. Babka najczęściej z czułością dopytywała się, co mi jest; ale ja powiedzieć jej tego nie mogłam, bo sama nie wiedziałam, nie rozumiałam. I teraz nie rozumiem, co to było. Przyniesiony tu z sobą ślad istnienia w świecie innych wymiarów? Przeczuwanie tego, co mię na tym świecie

spotkać miało? Przedwczesne poruszanie się w powijakach pragnień nienazwanych, nieznanych? Bo, oprócz braku towarzystwa rówieśnego i zbyt częstych może godzin zupełnie samotnych, nic tych stanów wyjątkowych nie usprawiedliwiało czy nie tłumaczyło (s. 79).

A jednak spróbujmy stany te wytłumaczyć, wykorzystując wiedzę o pewnych szczegółach polskiej tradycji katolickiej w chowaniu dzieci.

Bo jakie to są zazwyczaj – i były od dawna – modlitwy, które w ramach tej tradycji każe się powtarzać wieczorem dziecku za dorosłym czy odmawiać z pamięci? „Ojcze nasz, któryś jest w niebie...” (Tak modlą się właśnie dzieci w Mickiewiczowskim *Powrocie taty*: „Potem Ojcze nasz, i Zdrowaś, i Wierzę”). Jeżeli tę właśnie modlitwę – właśnie choćby *czasem* – odmawiało dziecko, to jego świadomość, w której było zwracanie się do Boga, zamierała, bo z głębin nieświadomych podnosiła się mgła pamięci o własnym ojcu, zmarłym, więc, zgodnie z naukami przekazywanymi dzieciom, będącym w niebie; mgła nierozpoznawanej żałoby po ojcu.

Domysł ten potwierdzałaby, jak można przypuszczać, późniejsza, w młodzieńczych latach zapisywana przez Orzeszkową rozmowa ze zmarłym ojcem, w jej „strofach prozą”, o których już wspominałam. Znajduje tu wprawdzie metaforyczny wyraz aktualna rzeczywistość wewnętrzna Orzeszkowej, a metafory zaczerpnięte są z zasobów dość obiegowych, jednak dokonany został taki a nie inny spośród nich wybór, co może wskazywać na jakiś ich związek – nieuświadamiany przez rozmyślającą w smutku młodą Orzeszkową – z owymi zagadkowymi dla niej przeżyciami smutku przy modlitwach wieczornych. Powiada bowiem, zwracając się do nieżyjącego ojca, że choć (jak sądzi mylnie) nigdy go nie widziała, to zna go: „boś mi się co nocy w snach moich ukazywał dziecinnych, bom w dziecinnych troskach moich modliła się do ciebie”. I wyraża przekonanie, że gdy zakończy życie, Bóg przyjmie ją do nieba, a tam – „tam cię spotkam, ojcze"...[13] Ojcze, *któryś jest w niebie*...

Wśród bynajmniej nie dziecinnych trosk Orzeszkowej w wieku dziecięcym domyślać się można – po śladach – jeszcze jednej nieświadomej troski związanej z wczesną utratą ojca, stanowiącej taką psychiczną zawiłość, że musiała pozostawać ukryta za najciemniejszą już dla Orzeszkowej mgłą.

Małe dziecko nie wie, co to jest śmierć. Utratę ojca przez śmierć fizyczną przeżywa jako utratę psychiczną: jako opuszczenie emocjonalne. Kiedy ojciec umiera, w umyśle małego dziecka pojawia się całkowicie nieświadomy, splątany kłębek myśli i uczuć, który w przybliżeniu – bo w słowach-pojęciach, a treści te są bezsłowne – da się wywikłać tak: 'ojciec zniknął – więc mnie opuścił, a to znaczy, że mnie nie kocha, a to znaczy, że ja nie jestem warte jego miłości, a to znaczy, że nic nie jestem warte'.

Mówiąc metaforą dorosłej Orzeszkowej – nieświadomej, że to w osobie ojca utraciła we wczesnym dzieciństwie poczucie własnej wartości, i że ta utrata przebija się raz po raz do świadomości: 'jestem jak pusty chwast'.

A zarazem Orzeszkowa przez całe życie uwewnętrzniała wysokie wartości zawarte w obrazie ojca, stworzonym w sobie w procesie idealizacji, która pojawia się z reguły u każdego, kto w dzieciństwie kogoś traci, a im wcześniej traci, tym bardziej idealizuje. Idealizacji, wspomaganej przez relacjonowane w *Pamiętniku* przekazy znających ojca osób, świadczące o „oddawaniu się przezeń pracy umysłowej i wielkim w onej zamiłowaniu", na co wskazywała też pozostawiona przez niego biblioteka, a także wzmaganej przez fakt, że będąc prawnikiem, wybrany na prezesa sądu, zaangażował się w ciężką i długotrwałą pracę społeczną dla obrony pokrzywdzonych, co prawdopodobnie przyczyniło się do jego nagłej, przedwczesnej śmierci.

[13] Cytuję za: E. Jankowski, *Eliza Orzeszkowa*, s. 24–25.

Przede wszystkim jednak idealizację tę wspomagały pełne admiracji opowieści babki „o cnotach i rozumie" zmarłego zięcia, „ze czcią i miłością przez nią samą wspominanego", i wpatrywanie się babki w jego portret ze słowami: „Pamiętaj, abyś była do niego podobną, pamiętaj, abyś była taka jak on!" (s. 23)

I była taka jak on. Nie wiedząc, że uwewnętrzniając go, rozwijała w sobie reprezentowane w jego obrazie wartości, ale zarazem nieświadomie wzmacniała w sobie ów mylnie, po wczesnodziecięcemu rozumiany, mający pochodzić od niego przekaz: 'nie jestem nic warta', czyli że wraz ze wczesną utratą ojca poniosła stratę w samych fundamentach swojego – budowanego na jego wzór i podobieństwo – istnienia. I że z tą właśnie przeciwstawną dwoistością wiąże się zagadka owej *stałej zgryzoty jej życia*, o której wyjaśnienie zwracała się, jak pamiętamy, w listach do Jeża, zaczynając jej opis od stwierdzenia d z i w n e j w jej odczuciu, własnej dwoistości: „Umysłowa organizacja moja działa dziwnie nieprawidłowo i niejednostajnie. Bywają tygodnie i miesiące... Potem nagle..." Na dnie zaś każdego opisu tego, co potem nagle, był zawsze „ciężki, ciemny smutek". I niszczące możność życia wątpienie – „o sobie i o wszystkim".

Pośmiertna idealizacja ojca i uwewnętrznienie jego wyidealizowanego obrazu-wzoru osobowego, stanowiąc niewątpliwie jeden z motywów – a może nawet motyw najpotężniejszy – późniejszego duchowego rozwoju Orzeszkowej, zwłaszcza tak znamiennego dla niej, całożyciowego idealizmu, niejednokrotnie również, podobnie jak sama wczesna utrata ojca, obracała się przeciw niej, pogłębiając jeszcze nieszczęście owej utraty.

Najbardziej wyraziście przejawiło się to, jak można się domyślać, w owym kryzysie psychicznym Orzeszkowej, gdy miała czterdzieści dwa lata, będącym skrajnie ciężką melancholią, tak ciężką, że myślała wtedy nawet o „umieszczeniu się w domu zdrowia", czyli w zakładzie dla osób chorych psychicznie.

Jak już wspominałam, kryzys ten wywołany został przez zawód, jaki sprawił Orzeszkowej najbliższy człowiek, z którym związana była uczuciowo od kilkunastu lat, czyli przez jego utratę psychiczną; przez żałobę po jego utracie psychicznej. Można przypuszczać, że dokonany niegdyś wybór uczuciowy tego właśnie człowieka, który również, jak ojciec Orzeszkowej, był prawnikiem, i również angażował się społecznie w obronę pokrzywdzonych – a to ostatnie, jak świadczy korespondencja Orzeszkowej, było dla niej w jego osobie ogromnie ważne – wiązał się w jakiejś mierze z jej wewnętrznym, idealnym obrazem ojca (co jest tym bardziej prawdopodobne, że na początku znajomości pomógł jej, jako prawnik, choć czy fortunnie, to inna sprawa, gdy to ona była w sytuacji osoby pokrzywdzonej, i to przez męża, który zrujnował jej majątek). Inaczej mówiąc, można przypuszczać, że człowiek ten przypominał jej, chociaż nie wiadomo, czy sobie z tego zdawała sprawę, ów idealny wizerunek utraconego ojca. Ojca, którego więc w tym człowieku w pewien sposób odzyskiwała. I oto teraz ponownie ojca – w tym człowieku – traci, gdy doznaje utraty psychicznej tego człowieka.

Byłaby to jeszcze jedna słuszna racja, aby w ostatnim zdaniu listu do Méyeta, które wypowiedziała jednym tchem – o czym tu już była mowa – podać dwie przyczyny aktualnego cierpienia, nie jedną; a drugą – pradawną. Aby jeszcze i z przedstawionego tu względu cierpienie aktualne było tym głębszym ponowieniem pradawnej rany, tym dotkliwszym powtórzeniem pradawnego psychicznego uśmiercenia: przez pustkę w rodzicielskim gnieździe.

Tłumaczyłoby to też może, dlaczego Orzeszkowa nie była w stanie zerwać związku z tym człowiekiem, choć związek ten był tak nieszczęśliwy.

Dzwon pogrzebowy

Kiedy Orzeszkowa, już jako osoba dorosła, ale bardzo młoda, w latach unieszczęśliwiającego ją małżeństwa z człowiekiem, za którego wydała ją matka, prowadzi wewnętrzną rozmowę ze zmarłym ojcem we wspominanych tu solilokwiach nazwanych przez nią „strofami prozą”, daje jasny wyraz nie tylko uświadamianemu sobie wówczas brakowi ojca, lecz także brakowi matki:

> [...] myślę sobie, że każda napowietrzna ptaszyna ma ojca i matkę, każda istota świata ma się do czyjegoś przytulić serca – czemum ja wydziedziczone dziecię?[14]

Matka wtedy żyła, ale jesteśmy już dobrze w naszych czasach obeznani z żałobą po osobie żyjącej.

I czyż Orzeszkowa nie pisała po latach, we wspomnieniach dla Aurelego Drogoszewskiego, że w dzieciństwie przytulała się do ściany? W pozycji quasi-embrionalnej?

> W ogóle przypominam sobie tę właściwość żalów moich dziecinnych, że ilekroć mię z jakiejkolwiek przyczyny ogarniały, siadałam na ziemi, najlepiej w kątku jakim, przyciśnięta do ściany i skurczona (s. 69).

Ówczesny, w „strofach prozą”, autoportret wewnętrzny: „wydziedziczone dziecię” to odpowiednik późniejszego o około dwadzieścia lat wizerunku własnego zawartego w metaforze „istota urodzona w pustym gnieździe”. Trudno tylko powiedzieć, czy wtedy, gdy Orzeszkowej, tkwiącej w nieszczęśliwym, a mającym trwać dozgonnie związku, wyjawił się taki autoportret, wiedziała, że zawarta w nim prawda wewnętrzna o żałobie po matce jest jej wiadoma już od zarania życia; to jest, czy wiedziała, że wie o niej od zarania życia nieświadomie.

Co mogło wówczas w młodej Orzeszkowej wzbudzić jasną świadomość żałoby po matce? T e r a z jasną? Odnoszącą się do ‘teraz’?

Gdy uwolniła się już z małżeństwa, wówczas w jednej z najwcześniejszych powieści, w *Pamiętniku Wacławy*, każe matce młodej dziewczyny sprzeciwić się planom wydania jej za mąż

[14] Tamże, s. 24.

za oszusta, a sprzeciw wyrazić słowami: „sumienie moje będzie wolnym od morderstwa na własnym dopełnionego dziecku!...” Od morderstwa...

W innej z wczesnych powieści, *Pan Graba*, rozbrzmiewa pytanie: „Matko! matko! cóżeś uczyniła z twą córką?”, a cały utwór ukazuje martyrologię kobiety źle zamężnej, źle, bo wydanej za człowieka niegodnego i traktowanej niegodnie; także martyrologię seksualną, co jest w polskiej literaturze ówczesnej ewenementem (wcześniej ukazała ją Orzeszkowa, także bez niedomówień, w pierwszej swojej powieści *Ostatnia miłość*, jako sytuację wydania na stałe gwałty seksualne). Sedno tej martyrologii bohaterka ujmuje w dwa słowa: „śmierć moralna”, czyli wewnętrzna, psychiczna, duchowa.

To wszystko jednak pojawia się u Orzeszkowej już później, po latach samotnej i wytężonej pracy wewnętrznej. Bo w początkowym okresie małżeństwa, a także przed jego zawarciem, gdy Orzeszkowa wróciła do domu po pięcioletnim pobycie na pensji w Warszawie i zaczęła uczestniczyć w życiu towarzyskim jako mająca wyjść za mąż posażna panna, doznawała stanu psychicznego, który zdawał się daleki od wewnętrznej czy zewnętrznej przenikliwości i całkowicie bierny:

> Wiedziałam, że muszę wyjść za mąż bardzo rychło, bo tak sobie życzy matka i wymagają tego zwyczaje. Za kogo? Wszystko mi było jedno (s. 38).

Stan ten opisuje dalej w *Pamiętniku* jako szczególny:

> Psychiczna istota moja doświadczyła od wyjścia z klasztoru dziwnego zwężenia i zmalenia (s. 38).

Zwrócę uwagę, że ilekroć Orzeszkowa określa coś u siebie jako dziwne, jest na dobrym tropie (co już tu widzieliśmy), tylko gubi go wśród mgieł swoich myśli i uczuć nieświadomych. Pisze dalej:

> Tam zajmowały mnie dość żywo nauki, przyjaźnie koleżeńskie i miewałam o przyszłym swoim życiu w świecie i nawet o miłości

marzenia, lotne wprawdzie, nietrwałe, ale często szlachetne, ze szlachetnych książkowych wzorów wysnuwane.

Po wejściu w świat stałam się na czas jakiś wprost bezmyślną. [...]

Bawiłam się życiem nowym jak cackiem [zabawką] i przyszłość ukazywała się mnie w postaci cacka. Chciałam co prędzej być mężatką, aby mieć prawo rozporządzania się zupełnego swoim domem, powozem, służbą swoją, na koniec osobą, której zachcianki miarkowanymi teraz były wolą matki, w ogóle dość despotyczną, w rzeczach konwenansu najdespotyczniejszą.

[...] O niektórych stronach życia małżeńskiego i rodzinnego dosłownie nie wiedziałam nic i nie myślałam ani sekundy; o innych, moralnych, miałam ze słyszenia i czytania dość dokładne nawet wyobrażenia, które przecież wtedy, nie wiedzieć jak, do szczętu mi z głowy wyleciały (s. 38–39).

Zastanawiając się dalej nad elementami swojej sytuacji, które, jak sądziła, „dopomagały do tego ogłupienia, któremu podówczas uległa", pisze:

Fizyczna strona istoty mojej głęboko jeszcze spała, moralna i umysłowa na czas jakiś pogrążyła się także we śnie. Zdaje mi się, że gdyby podówczas kawałek drewna za człowieka przebrano i powiedziano mi, że gdy wyjdę za niego, będę panią siebie i wszystkiego mego, że on mnie wozić będzie po różnych okolicach i zabawach, zgodziłabym się wyjść za drzewo (s. 39).

Istotnie, jest to wszystko dziwne. Dziwne jest owo zwężenie i zmalenie własnego „ja", ogłupienie, letarg, wylecenie z głowy, i to nie wiedzieć jak, bezmyślność, pustka wewnętrzna.

Lecz skąd to przyszło, jak w ten stan popadła,
Co on ma znaczyć, z czego powstał, jest to
Dla niej zagadka.
Co z niej zrobiło taką niedołęgę,
Że sama ledwie mogła siebie poznać?

Bo smutku przecież nie było; były zabawy.

Wydawałoby się, że sytuacja przedstawiona przez Orzeszkową jest aż nadto jasna: uwolnić się od autorytarnej matki, zyskać podmiotowe samostanowienie – za wszelką cenę, nawet przez małżeństwo z drewnem. I ulatniając z głowy wiedzę, że ówczesna instytucja małżeństwa właśnie nie dopuszczała samostanowienia kobiety. A jednak w tym wszystkim jest chyba jeszcze coś ciemnego. Być może – napór na zapory, wznoszone od pradawna przez świadomość, zabójczego poczucia w rodzaju: 'teraz przekonuję się ostatecznie, że jestem przez matkę niechciana, że matka pragnie uwolnić się ode mnie'. *Bardzo rychło...* 'Po pięciu latach mojej nieobecności, podczas której nie odwiedziła mnie w Warszawie ani razu'.

Jak silny mógł być ten napór, świadczyłoby aż ogłupienie – w obronie przed dopuszczeniem owego poczucia do świadomości. (Poznaliśmy ten mechanizm obronny w nieco innym wariancie u Zofii Szymanowskiej.) I nieustająca, zagłuszająca głośność, szum i blask jej zabawowego wówczas trybu życia, jak to opisuje w *Pamiętniku*. Aż doszło do załamania życiowego w małżeństwie, a wraz z tym do jasnego już wyjawienia się sobie samej w „strofach prozą" prawdy wewnętrznej o braku nie tylko zmarłego wcześnie ojca, ale też żyjącej matki. Prawdy, tak właśnie zabójczej, że pozostała wobec niej już tylko nadzieja na spotkanie z ojcem w niebie.

Ale – i tu sedno nieszczęścia – pozostała też u Orzeszkowej, w psychicznym zamknięciu, jej nieświadoma, związana z osobą matki, przeszłość emocjonalna z czasów dzieciństwa. Przeszłość ta – tkwiąca w sferze myśli i uczuć nieświadomych jako wciąż-teraźniejszość i różnymi sposobami niszcząca aktualne życie Orzeszkowej – była dla jej świadomości osoby dorosłej, jak już przekonaliśmy się, nadal niedostępna.

Chociaż czasami nie wiemy, czy źródło takich niszczących oddziaływań było jej wiadome, czy też nie.

W liście z 1888 roku do Henryka Nusbauma, wyrażając żal z powodu przeszkód we wzajemnej komunikacji, pisze:

> Więc też najpewniej wielu rzeczy swoich nigdy nie powiem Panu, tym bardziej że na ustach tamuje mi słowa bardzo rzeczywista i zupełnie nieprzezwyciężona nieśmiałość. Wydawać się to może nieprawdopodobnym, jednak jest prawdziwym; jestem bardzo nieśmiałą wobec tych, którzy w szacunku i sympatii mojej wyjątkowe miejsce zajmują. Im wyższym i obszerniejszym jest to miejsce, tym mniej uczuwam prawa i prawdopodobieństwa zajmowania ich sobą i wszystkim, co moje[15].

Zupełnie nieprzezwyciężona... Tym mniej uczuwam p r a w a... Czy Orzeszkowa, pisząc to, pamiętała, jaka była jej dziecięca relacja z matką? Którą widywała *nieczęsto*, jak wspomina, jedynie przy stole, zawsze wyniosłą i niedostępną, strojną i ozdobioną klejnotami; komunikować się z nią musiała wyłącznie w języku obcym, a komunikacja, jak możemy się domyślać ze wzmianki o matce jako despotycznej, a najbardziej w sprawach konwenansu, polegała zapewne na przekazywaniu przez matkę nakazów i zakazów. Gdy zaś matka wyszła ponownie za mąż, oddzieliła się od dzieci, Elizy i jej siostry, długim korytarzem: ona z mężem mieszkała po jednej stronie domu, a dzieci (z babką, boną i guwernantką) po drugiej. Owszem, odwiedzała je w towarzystwie męża c z a s e m; wtedy z zadowoleniem słuchała, co mówi o nich guwernantka i głaskała je po główkach.

We wspomnieniach dla Aurelego Drogoszewskiego, w których znajdujemy owe szczegóły, swoją postawę wobec matki w dzieciństwie Orzeszkowa przedstawiła tak:

> Matkę kochałam, chwilami nawet z rodzajem namiętnego ubóstwienia, ale czułam się względem niej nieśmiałą (s. 86).

Trudno nie widzieć, porównując uważnie tę wypowiedź z wyznaniem w liście do Nusbauma, że w życiu Orzeszkowej zachodziło odkryte w psychoanalizie zjawisko przeniesienia: powta-

[15] E. Orzeszkowa, *Listy zebrane*, t. III, s. 142.

rzania, pod przymusem wewnętrznym, z reguły nieświadomie, wzorca najwcześniejszej relacji, z najważniejszą emocjonalnie w początkach życia osobą – w późniejszych ważnych relacjach z ludźmi w życiu dorosłym, z ludźmi, którzy w nim *wyjątkowe miejsce zajmują*. I trudno nie dostrzegać, jak bardzo wzorzec, który – w sposób *nieprzezwyciężony* – powtarzał się u Orzeszkowej, był dla niej niszczący.

Ewenementem w jej życiu międzyludzkim był „śmiały", jak się wyraża w liście do Nusbauma z 1902 roku (ma wtedy sześćdziesiąt jeden lat!), „rzut ufności, że Pan ze mną rozmawiać lubi".

„Choruję prawie na nieśmiałość i małą ufność w siebie i obudzane dla siebie uczucia ludzkie" – pisze w 1895 roku do Jana Karłowicza[16].

Ilekroć stwierdza, że coś w niej jest prawie chorobliwe (albo że jest dziwactwem czy histerią, jak w niektórych przytaczanych tu już wypowiedziach), jest również na właściwym tropie, podobnie jak wtedy, gdy powiada, że coś w niej jest dziwne. Ale czy wiedziała, że w tym wyznaniu epistolarnym kryje się jej wiedza o powodach dziecięcej nieśmiałości wobec matki?

Wiedza o tym, że jako dziecko nie otrzymywała od niej róż-uczuć; ani pereł-ufności w siebie, czyli poczucia własnej wartości. I że miała nawet nie mieć p r a w a – jak należy domyślać się z przytoczonych tu słów listu do Nusbauma – aby tego od matki pragnąć. A to już jest dla dziecka – dla jego możności życia – rzeczywiście dzwon pogrzebowy.

Tak właśnie przedstawiło to w napisanej powiastce dziecko, niemające wtedy „więcej nad lat siedem", bo taki swój wiek podaje Orzeszkowa we wspomnieniach przesłanych Aurelemu Drogoszewskiemu, opowiadając o „wielce nieskomplikowanej" w jej przekonaniu fabułce jej dziecięcego pióra, zatytułowanej *Dzwon pogrzebowy* – w całkowitej, jak podkreśla, niewiedzy, skąd jej się taka opowiastka wzięła.

[16] Tamże, s. 112.

Nie wiedząc też, dodajmy, co w niej wówczas opisała. A opisała tragedię swojej relacji z matką. Nie wiedząc ani wtedy, ani potem, że o tej tragedii wiedziała – tylko nieświadomie – już jako dziecko.

Zanim przytoczę relację Orzeszkowej o jej dziecięcym utworze i poddam analizie – psychoanalizie – tę anty-baśń o Kopciuszku, anty-baśń, bo w przeciwieństwie do zawsze mających szczęśliwe zakończenie baśni, kończy się śmiercią bohaterki, zwrócę uwagę na pewien istotny szczegół dotyczący sposobu prowadzenia przez Orzeszkową wspomnieniowej narracji, jej budowy.

Otóż pisząc o swoich najwcześniejszych wspomnieniach z dzieciństwa, podkreśla:

> Pełno ich błąka się po mej pamięci; bez szczególnego pomiędzy nimi przebierania, garstkę ich tu wysypię (s. 58).

Czyli poda te z owych licznych wspomnień, które właśnie teraz, gdy pisze, przychodzą jej na myśl, nie poddając ocenie ich ważności; nie tworzy z nich żadnej przemyślanej, specjalnej konstrukcji; wysypuje.

Tego rodzaju narracja oparta więc została w dużej mierze na tym, co w psychoanalizie nazywa się wolnymi skojarzeniami. A wykorzystywanie wolnych skojarzeń w pracy psychoanalitycznej to podstawowa metoda docierania do nieświadomych myśli i uczuć danej osoby, stosowana zwłaszcza – jako wymóg – w relacjach wspomnieniowych; szczególnie, i zazwyczaj bardzo owocnie, gdy dotyczą dzieciństwa. Toteż owe wysypywane bez większego ładu i składu – nieświadomie zaś, jak dowodzi praktyka psychoanalityczna, właśnie dlatego najistotniejsze – wspomnienia Orzeszkowej z dzieciństwa mają taką wagę dla zrozumienia *zagadki jej życia i duszy*. I dlatego taką wagę ma to, że spośród niezmiernie licznych, jak wspomina kilkakrotnie, różnego rodzaju utworów, pisanych w dzieciństwie, przyszedł jej na myśl właśnie ten; jeden jedyny, który, jak podaje, doskonale pamięta.

A streszczając go, uczyniła to – nie do wiary – jakby sama na chwilę rozszczepiła się na dwie osoby: na siebie opowiadającą treść utworu i na pragnącego ją do głębi zrozumieć psychoanalityka. Dwa razy bowiem podała w swojej relacji skojarzenia do określonych elementów tej opowiastki, tak jak czyni się to w klasycznym procesie psychoanalitycznym, mającym doprowadzić do wyjawienia się ukrytych myśli i uczuć nieświadomych. Jedno zaś z owych skojarzeń jest dla zrozumienia nieświadomych treści, które w opowiastce znalazły wyraz, nie tylko kluczowe, ale nie pozostawia wątpliwości, o kogo i o co w niej naprawdę chodziło paroletniemu dziecku, które zalewało się nad nią rozpaczliwymi łzami. Tylko że przed stu laty Orzeszkowa nie mogła tego jeszcze przeniknąć.

Oto fabuła tej opowiastki, napisanej „w naszym dawnym mieszkaniu grodzieńskim", o której Orzeszkowa powiada: „Treść jej tak mi jest teraz jasną, jak gdybym pisała ją wczoraj".

> Tytuł brzmiał: „Dzwon pogrzebowy". A historia, wielce nieskomplikowana, była taką. W domu państwa N. zginęła bransoleta brylantowa; służącą Emilkę (pamiętam, że Emilkę) posądzono o jej ukradzenie i zaprowadzono do więzienia, gdzie wzywała na pomoc Boga, wspominała swoich rodziców, swoją rodzinną wieś, Zalesnę (Zalesna była jedną z wsi należnych do Milkowszczyzny) i z wielkiego żalu ciężko zachorowała. Pani N. tymczasem, odsuwając szufladę z biżuterią (mama miała taką szufladę), znalazła zapadłą za szufladę bransoletkę i pobiegła natychmiast do męża, wołając, że bransoleta jest, Emilka niewinna i trzeba ją co prędzej z więzienia wyprowadzić. Ale wtem rozlega się i po całym Grodnie rozbrzmiewa przeciągły, ponury dzwon. Jest to dzwon pogrzebowy, oznajmiający, że Emilka w więzieniu umarła (s. 82).

Orzeszkowa wspomina dalej, że pokazała tę opowiastkę guwernantce, a ta przeczytała ją babce i starszej siostrze, „bez żadnych dalszych konsekwencji ani wniosków", po czym kontynuuje:

Nie wiem zresztą, skąd on [„Dzwon pogrzebowy"] mi się wziął, bo w domu naszym żaden podobny wypadek nie zaszedł nigdy. Może słyszałam o czymś takim, albo i zupełnie wymyśliłam sama, jednak zdaje się, że w wielce skromnej tej historyjce już zjawiały się niektóre główne elementy przyszłych pisanin moich: służąca chłopka, krzywda, cierpienie, koniec tragiczny (tamże).

Tak, ale właśnie skąd takie elementy wzięły się u paroletniego dziecka?

Skąd, jak nie z jego życia. Dwoistego, bo takie jest ono u każdego człowieka; z życia świadomego i nieświadomego.

Ten wymysł wygląda na zobrazowanie ówczesnej, nieświadomej rzeczywistości wewnętrznej dziecka. Na zobrazowanie nieświadomego, rozpaczliwego a daremnego, wewnętrznego prawowania się dziecka z matką – o miłość, więc tym samym o swoją wartość, o uznanie tej wartości przez matkę. A więc o możność życia.

Z postaci pani N. przeziera z całą oczywistością matka, bo do jej osoby prowadzi bezpośrednio i jasno nić skojarzeniowa „mama miała taką szufladę".

To już by wystarczyło, aby w głównej bohaterce, służącej chłopce, dostrzec wariant córki-Kopciuszka, cierpiącego dziecka, mającego poniżającą, krzywdzącą macochę. Ale to, że z tej postaci przeziera Eliza, potwierdza jeszcze, choć w sposób bardziej ukryty, nić skojarzeniowa, która prowadzi od osoby głównej bohaterki, przez „rodzinną wieś Zalesnę": „Zalesna była jedną z wsi należnych do Milkowszczyzny" – do właścicielki tego majątku. Milkowszczyzna bowiem była własnością, po zmarłym ojcu, nie matki, ale najpierw, za życia starszej siostry, obu córek, potem zaś, po śmierci Klementyny, należała w całości do Elizy. „Nieraz słyszałam, że Milkowszczyzna do Klemuni i do mnie należy", pisała Orzeszkowa w tych samych wspomnieniach o wczesnych latach dziecięcych. Może też w brzmieniu imienia „Emilka" kryło się nieświadome nawiązanie do „Milkowszczyzny", czyli do jej właścicielki.

A w mężu pani N. trudno nie rozpoznać odblasku, choć jest ledwo widoczny, marzenia o opiekuńczym, wybawiającym ojcu (...*któryś jest w niebie*).

Dziecko (co Orzeszkowa dopowiada, wspominając o tej opowiastce również w autobiograficznych listach do Wodzińskiego) zalewa się łzami nad tragicznym końcem głównej bohaterki, zatem – oczywiście – z nią się identyfikuje. Co jest takiego w losie służącej chłopki, który spowodował jej śmierć, że dziecko z nią się identyfikuje?

Historia wcale nie jest prosta i nieskomplikowana, przeciwnie, znalazł w niej wyraz cały splątany w jedno – nawet z treści przeciwstawnych czy stanowiących ich odwrócenie – konglomerat myślowo-uczuciowy. Bo splątane tu są ze sobą dwie różne logiki: jedna, właściwa naszemu życiu świadomemu, i druga, odmienna, w której właśnie sprzeczności się nie wykluczają, a nawet coś znaczyć może swoje przeciwieństwo – logika rządząca sferą nieświadomą. Jeszcze inaczej mówiąc, opowiastka ma treść dwoistą – jawną i ukrytą.

Postać służącej chłopki, owa córka-Kopciuszek, to – w świetle tego, co już wiedzieć możemy z dotychczasowych rozważań – upostaciowanie przeżywanego przez Orzeszkową w wieku dziecięcym, nieświadomie, degradowania jej przez matkę, poniżania, odmawiania jej istnieniu wartości, odrzucania; i tego, że matka relację z córką wypełniała niemal wyłącznie nakazami i zakazami, despotyzmem, a nie więzią i zrozumieniem. To krzywda i niesprawiedliwość, czuło dziecko, choć nie dopuszczało tego do świadomości. 'Mam prawo otrzymywać od Ciebie choćby trochę Twojego uczucia i choćby trochę poczucia własnej wartości: choćby tylko – skromnie – bransoletę, podczas gdy Ty masz – co w Tobie podziwiam, chwilami prawie do ubóstwienia – całą szufladę biżuterii. Nie, Ty uważasz, że nie mam do tego prawa, że to pragnienie to uzurpacja, kradzież. Nie tylko nie należy mi się nic, ale jeszcze do tego mam być winna, zła. Nie jestem! Ale od Twojej krzywdy i niesprawiedliwości wybawienia nie ma; cierpię tak, że uwięziona w tym cierpieniu, wewnętrznie umieram'.

Czy w tej opowiastce paroletniego dziecka nie ma czegoś z *Procesu* Kafki? Przypomnę pierwsze zdanie tej powieści (w tłumaczeniu Brunona Schulza): „Ktoś musiał zrobić doniesienie na Józefa K., bo mimo że nic złego nie popełnił, został pewnego ranka po prostu aresztowany". A w zakończeniu utworu ginie, od ciosu nożem w pierś. I czy ta dziecinna opowiastka nie rzuca szczególnego światła na ową powieść?

Treść jawną swojej opowiastki *Dzwon pogrzebowy* Orzeszkowa pamiętała całe życie, skoro stwierdzała po dziesiątkach lat, że pamięta ją tak, jakby ją pisała *wczoraj*. A więc także jej treść ukrytą pamiętała całe życie, nieświadomie. Jakby tamtego poniżenia, krzywdy, cierpienia i śmierci wewnętrznej doznawała d z i s i a j, tylko o tym nie wiedząc. W innych wspomnieniach powiedziała nam, co od wczesnego dzieciństwa czuła przy dźwiękach dzwonu.

Toteż kończąc rozważania o *zagadce jej życia i duszy*, z której siłą niszczącą Orzeszkowa borykała się całe życie, mogę już przytoczyć teraz w całości jeden z fragmentów jej wspomnień o bezprzyczynowych w jej przekonaniu i niewytłumaczalnych stanach bezbrzeżnego smutku, wzbudzającego się w niej już w dzieciństwie i wczesnej młodości. Fragment, który poprzednio, wiążąc go wtedy z nieświadomą żałobą po utraconym ojcu, przytoczyłam w części. Obecnie, gdy domyślamy się, co paroletnie dziecko wyraziło ze swojego życia wewnętrznego w opowiastce o służącej chłopce i pani N., możemy już domyślić się także, że gdy młoda Orzeszkowa słyszała na polach przeciągłe, smutne wołania chłopów przy pracy, chłopów, żyjących ciężkim życiem ludzi wówczas jeszcze niewolnych, zmuszonych do znoszenia przez całe życie sytuacji poniżenia, krzywdy i niesprawiedliwości, to oddźwiękiem cierpienia odzywała się w niej również druga jej nieświadoma, z czasów dzieciństwa, żałoba, po matce – więc jeszcze raz, choć na inny sposób niż w związku z wczesną utratą ojca, żałoba po sobie samej, po własnym „ja".

Oto całość wspomnienia, o którym mowa:

Do ludzi niższego stanu, włościan, służących, uczuwałam już w dzieciństwie rodzaj życzliwości, zmieszanej z litością. Były to uczucia instynktowne, niemniej często dość silne. Ilekroć słyszałam, że gderano albo łajano kogo, uczuwałam żal wielki; bony Niemki dlatego najpewniej nie lubiłam, że była złą dla służących.

W klasztorze dość często roiłam o tym, aby włościan milkowskich uwolnić i, zdaje mi się, że gdyby większa cokolwiek przestrzeń czasu rozdzieliła moje wejście w świat z reformą stosunków wiejskich, byłabym te rojenia w czyn zamieniła.

Obraz pewien, z tym rzędem uczuć moich w związku zostający i sprawiane przezeń wrażenie, na zawsze pozostały mi w pamięci. Ludwinów położonym był na rozległej płaszczyźnie poleskiej, pośród lasów i łąk wilgotnych, z których u końca lata i przez całą jesień dobywały się mgły lekkie, blade, cały widnokrąg przysłaniające i nadające mu charakter smętku i melancholii. Otóż w owych nawet latach, kiedy byłam najbardziej rozbawioną i bezmyślną, ilekroć wyszedłszy za bramę dworu zobaczyłam na polu chłopów śród tej mgły popychających sochy i usłyszałam smętne przewlekłe wołanie ich na woły, robiło mi się smutno, taki żal nad tymi ludźmi mię ogarniał, że od płaczu wstrzymać się nie mogłam.

Uczuwałam wtedy dziwną chęć wstąpienia w tę mgłę, na te zagony, zbliżenia się do tych ciemnych, pochylonych, z ciężkością za sochami postępujących postaci i uczynienia – sama nie wiedziałam czego? – przemówienia do nich może, podania im do uścisku ręki. Tego smutku i żalu swego nie wyrozumiewałam, alem go czuła; z tej chęci swojej nie umiałam nic uczynić, ale była ona we mnie i objawiała się tylko w życzliwym obchodzeniu się, chętnym rozmawianiu zarówno z liczną i różnorodną służbą, jak z wieśniakami, których przy jakiejkolwiek okazji spotykałam (s. 45–46).

D z i w n a chęć... Od płaczu wstrzymać się nie mogłam... Nie wyrozumiewałam, alem go czuła...

O potrzebie współbytu
Żałoba i wyobraźnia

Tylko żeby był/a ze mną.
Mickiewicz, *Dziady*

Kiedy Julian Krzyżanowski wydawał w 1974 roku autobiograficzne teksty Orzeszkowej w tomiku: Eliza Orzeszkowa, *O sobie...*, pisał we wstępie, że pewne przedstawiane przez nią zachowania jej w dzieciństwie (które dla niego były niezrozumiałe) powinien by skomentować „pediatra-psycholog”. Przypomnę, że chodziło na przykład o odgrywanie w samotności scenek dramatycznych z przemawianiem do obrazów na ścianach domu i wyobrażaniem sobie, że postacie z obrazów jej odpowiadają. Ale u znakomitego polskiego pediatry-psychologa, Janusza Korczaka, mógłby z łatwością znaleźć taki komentarz. Byłyby to słowa w jego wczesnej powieści *Spowiedź motyla*: „Dzieci są sierotami w domu swoich rodzicieli”. A najpełniejszego zrozumienia, co to dla dzieci i całego późniejszego ich życia może znaczyć, należy szukać we współczesnej nam wiedzy, którą przynosi doświadczenie psychoanalityczne.

Sieroctwo Orzeszkowej w czasach dziecięcych łagodziła w pewnej mierze babka (która, gdy matka wyszła powtórnie za mąż i zajęła wraz z mężem osobną część domu, oddzielając się od dzieci długim korytarzem, zamieszkała z nimi, w ich pokojach), pierwsza guwernantka, panna Michalina Kobylińska, i starsza siostra, póki żyła. Odprawienie przez matkę panny Michaliny („do której byłyśmy bardzo przywiązane”), a potem śmierć siostry to kolejne utraty w życiu dziecka, tym razem przeżywane z rozpaczą w pełni świadomą, ale wzmagające niewątpliwie jego nieświadomą, dwoistą żałobę pierworodną, żałobę pustego gniazda.

Musiał wiele z tego rozumieć – wiele dostrzec – ustanowiony po śmierci ojca prawnym opiekunem dziewczynki pan Konstanty

Niezabytowski, któremu Orzeszkowa zawdzięczała w tym okresie życia swoiste ocalenie psychiczne, bo skłonił matkę do oddania jej wówczas – po owych dwu utratach – na pensję w Warszawie, wydobył z martwego domu. Nieoszacowana zasługa.

Kim była w dzieciństwie dla Orzeszkowej babka (to ona odwiozła dziewczynkę na pensję, nie matka, która przez pięć lat nie odwiedziła jej tam ani razu), nic chyba lepiej nie przekazuje niż fragment wspomnień pisanych dla Aurelego Drogoszewskiego, fragment, którego pierwsze zdanie, dotyczące matki, już tu przytaczałam. Oto teraz jeszcze drugie zdanie:

> Matkę kochałam, chwilami nawet z rodzajem namiętnego ubóstwienia, ale czułam się względem niej nieśmiałą; największe zaś zaufanie miałam do babci i najwięcej czułam, że jestem przez nią kochaną (s. 86).

Arcypowściągliwa, a przepełniona znaczeniami wypowiedź. Co ofiarowywała dziecku pierwsza guwernantka (w przeciwieństwie do późniejszej, „oschłej i chłodnej", i „dość despotycznej", o której Orzeszkowa pisała, że nie lubiła jej przede wszystkim chyba dlatego, że źle traktowała służbę, a więc, dopowiedzmy, osoby takie jak bohaterka jej powiastki o służącej – czyli, że guwernantka ta przypominała matkę), obrazuje następująca scena. Jedyna scena tego rodzaju, jaką znajdujemy w autobiograficznych relacjach Orzeszkowej z dzieciństwa, zatem należy spojrzeć na nią tym uważniej. Wspominając, że matka rozmawiała z nią w dzieciństwie wyłącznie w języku francuskim, Orzeszkowa pisze dalej:

> Ale teraz mówimy z panią Michaliną po polsku i o rzeczach polskich. Usiadłyśmy na otomanie i ona mi o jakichś wielkich mężach, wielkich czynach opowiada. Przy tym ramieniem swym otacza mi szyję, przygarnia mię do siebie i czasem całuje w czoło, we włosy. Czuję, że lubi mię bardzo. Ciepły powiew czułości, przywiązanie idzie od niej i spływa mi w serce uczuciem szczęścia. Szczęście to podwójne: rzeczy, które opowiada, przejmują mię takim

zachwyceniem i zapałem, że niekiedy aż łzy napływają mi do oczu, a z obejmującego mię ramienia spływa na mnie zaprawiony cichą radością spokój. Nie pamiętam, czy chwil takich było wiele, ale dobrze pamiętam, że należały do najszczęśliwszych, jakich w dzieciństwie zaznałam. Dobrej pani Michalinie zawdzięczam nie tylko chwile te, ale i wiele pierwszych zadatków umysłowego światła. Mogile jej dalekiej, nieznanej, i imieniu, przez wszystkich od dawna zapomnianemu, wdzięczne wspomnienie to poświęcam (s. 59–60).

W sobowtórowej więzi ze starszą siostrą, z którą przez pierwszych dziesięć lat dzieciństwa Orzeszkowa, według jej relacji, dzieliła życie niemal jak z drugą sobą – życie, co już wiemy, *kwiatów przedwczesnych nad śniegiem* – znamienny jest zwłaszcza sposób przeżywania przez młodszą siostrę cierpienia starszej, gdy ta zachorowała (jak miało się okazać, śmiertelnie):

> Nie myślałam i prawdopodobnie nie wiedziałam o tym, że umrzeć może, ale doskonale rozumiałam, że cierpi, i przywiązywało to mię do niej tak namiętnie, że czasem, gdy znalazłyśmy się same, całowałam jej ręce i stopy, z trudnością powstrzymując się od płaczu (s. 64).

Rozpacz obu sióstr po utracie kochanej przez nie guwernantki wzmagana była zapewne przez ich niedopuszczaną do świadomości rozpacz z powodu daremnej, odrzuconej miłości pierworodnej, do matki, przez rozpacz dzieci niechcianych; a musiała być tym głębsza, że guwernantka – przeciwnie – właśnie kochała je wzajemnie.

Dzwon pogrzebowy, który wówczas, gdy Orzeszkowa dochodziła wieku dziesięciu lat, brzmiał w niej po śmierci siostry – dzwonił zarazem kolejny raz po niej samej.

Pozostawała wyobraźnia. Przemawianie do wiszących na ścianach w pustych pokojach rodzicielskiego domu obrazów, do podziwianych, wspaniałych, niedostępnych, bo na owych obrazach zmartwiałych (jak ojciec i matka) postaci, które jednak – odpowiadały. A więc dla których dziecko istniało. Ofiarowywały mu upragniony przez nie współbyt, upragnione istnienie z wzajemnością, czyli rozumiejące odzwierciedlenie. Ratując z poczucia nieistnienia, z żałoby po sobie. Ratując od śmierci.

Nie tylko od śmierci psychicznej. Bo oto do jakich stwierdzeń doszła nauka w naszych czasach:

> Odbieranie minimalnego zakresu odzwierciedlającego zrozumienia jest podstawową potrzebą biologiczną, bez której zaspokojenia ostatecznie nie jesteśmy w stanie przeżyć[17].

Przeżyć fizycznie! To właśnie od tego braku, od niezaspokojenia tej potrzeby, która – co zostaje teraz w nauce potwierdzone – stanowi podstawową potrzebę biologiczną, a nie tylko psychologiczną, potrzebę, od której zaspokojenia zależy nasze przetrwanie fizyczne, a nie tylko psychiczne, umierały w dawnych sierocińcach dzieci, pozbawione więzi osobowej, zdolnej zapewnić im choćby w minimalnym zakresie spełnienie tej potrzeby.

Dziecięce zabawy Orzeszkowej, kiedy to przemawiała do postaci na obrazach w pustym dla niej domu, w którym była *zbyteczna* – i wyobrażała sobie, że postacie te jej odpowiadają, rozumieć można jako ratowanie się przez uprawianie dziecięcej formy twórczości. Formy, która skądinąd jest w dzieciństwie powszechna.

Zwrócił na to uwagę Freud, który zastanawiając się w małej rozprawie *Pisarz i fantazjowanie* z 1908 roku nad możliwościami choćby przybliżonego wyjaśnienia istoty pisarskiego procesu twórczego, wysunął myśl, że podobny do pisarskiego proces twórczy zachodzi już w zabawach dziecięcych. Każde bawiące się dziecko, powiada on tutaj, zachowuje się podobnie jak pisarz,

[17] J. Bauer, *Co potrafią lustrzane neurony* [*Warum ich füle, was du fülst. Intuitive Kommunikation und das Geheimnis der Spiegelneurone*, 2005], przekład M. Guzowskiej-Dąbrowskiej, Wydawnictwo Naukowe PWN, Warszawa 2008, s. 81. Dokonane niedawno odkrycie neuronów lustrzanych i ich funkcji przynosi potwierdzenie na płaszczyźnie neurofizjologicznej najistotniejszych odkryć, które w psychoanalizie poczyniono na płaszczyźnie psychologicznej.

stwarza bowiem dla siebie wtedy, posługując się wyobraźnią, pewien nowy, przez siebie ustanawiany świat, świat wymyślanych przez siebie przedmiotów, postaci i zdarzeń, w który w pełni angażuje się emocjonalnie, tak jakby to był świat realny, ale, gdy skończy zabawę, wraca do rzeczywistości. Główny zaś emocjonalny cel zabaw dziecięcych widział Freud – podobnie jak emocjonalny cel marzeń na jawie – w spełnianiu pragnień.

Jakie to mogą być pragnienia, przekonał się on później. W pracy *Poza zasadą przyjemności* przedstawi próbę zrozumienia pewnej zabawy dziecka, które nawet jeszcze nie mówiło, półtorarocznego wnuka. Odkryje wtedy, że stanowi ona dla niego spontanicznie przez niego wynaleziony sposób psychicznego przeciwstawienia się najcięższym w jego niemowlęcym życiu, a stale ponawiającym się, urazowym przeżyciom, związanym z częstym znikaniem na długi czas matki. W ciągu stu lat, które od tych rozważań Freudowskich upłynęły, stosowana w różnych kierunkach psychoterapii analiza, w co dziecko się bawi – i jak – stała się jednym ze środków pozwalających zrozumieć, co mu emocjonalnie dolega, a stwarzanie bezpiecznych warunków do takiej zabawy – jednym ze środków terapeutycznych.

I oto, w co i jak dziecko może się bawić. Pewien chłopiec wynalazł sobie zabawę, polegającą na spadaniu ze stolika na podłogę i mówieniu, gdy już był na niej bezpieczny (bo ochraniany przez terapeutkę – czyli ocalany przez nią): „ja się bawię, że nie żyję”; po czym wstawał i powtarzał tę zabawę od nowa, wiele razy. Oczywiście bawił się w ocalanie się z doznanej śmierci, przeciwstawiając się – spełnianiem sobie tego pragnienia w zabawie – niszczącym doświadczeniom rodzinnym[18].

[18] *Opowieści terapeutów*, komentuje H. Olechnowicz, Wydawnictwa Szkolne i Pedagogiczne, Warszawa 1997, s. 95–96. Terapeutka pisze: „Wszystkie te działania były powtarzane kilkadziesiąt razy. Podczas kolejnego takiego scenariusza już nie było mowy o tym, że nie żyje. Gdy pomagałam mu powstać, powiedział: «teraz nie umrę, bo mnie uratowałaś»” (tamże).

Orzeszkowa mogłaby w taki sposób wyjaśnić swoje dziecięce zabawy z przemawianiem do postaci na obrazach i wyobrażaniem sobie, że jej odpowiadają: 'Ja bawiłam się, że żyję – w moim pustym gnieździe'.

Po latach, jako osoba dorosła, uznała, że – według jej własnych słów – wtedy tylko czuje, że żyje, kiedy pisze.

Bo wtedy, jak dzieje się to chyba w każdym głębokim procesie pisarskim, stwarzał jej się wewnętrznie, bardziej lub mniej świadomie, a może nawet całkowicie nieświadomie, obiekt idealny, do którego zwracała się stale, pisząc, który był z nią cały czas, w pełnym kontakcie, nieprzerwanie, i który ją w pełni – aż do jej *najgłębszego, najtajniejszego gruntu* – rozumiał, odzwierciedlając w ten sposób jej istnienie. Ofiarowywał, choć to ona sama stwarzała go sobie wewnętrznie, owo doświadczenie współbytu, którego brakowało jej do istnienia od zarania życia.

I znikał, gdy wracała do rzeczywistości.

„Pokoje puste i jak grób ciche, dusza smutna" – pisała z Grodna do Méyeta pod koniec życia[19].

Jeden ze współczesnych pisarzy polskich, który niezwykle Orzeszkową cenił (należała do artystów, jak to ujął, z którymi obcuje na co dzień od wielu lat), zastanawiał się, czytając listy, wysyłane przez nią pod koniec życia niemal codziennie do Tadeusza Bochwica, nad ich przejmującym dla niego smutkiem: „Ta dziwna potrzeba miłości – była wtedy w moim wieku"[20].

Dziwna? Istnieje potrzeba miłości, której sednem jest pożądanie współbytu, i która, gdy nie zostanie zaspokojona w zaraniu istnienia, nie daje żyć do końca życia.

Niektórzy, jak Orzeszkowa, z takiej nieszczęśliwej miłości umierają.

[19] E. Orzeszkowa, *Listy*, t. II, s. 250.

[20] J. Iwaszkiewicz, *Dzienniki 1956–1963*, t. II, „Czytelnik", Warszawa 2010, s. 578.

* * *

Wydobywając się powoli z najcięższego chyba stanu melancholii, która, raz po raz ponawiając się, niszczyła Orzeszkową przez wszystkie lata życia, ze stanu, kiedy to w liście do Méyeta ukazała swój portret wewnętrzny, określając siebie jako istotę urodzoną w pustym gnieździe, a teraz bardzo głęboko zranioną, w późniejszym liście do niego pisała o swoim życiu, że „wkrótce zapewne popłynie zwykłym, dawnym korytem, gdzie pod gładką powierzchnią są nikomu nieznane głębie i przepaście"[21].

Przypominają się słowa z pamiętnika Aleksandra Fredry:

> Widoczne dramata na powierzchni świata przejmują nas litością albo zgrozą. Ach! gdybyśmy mogli zoczyć te liczne dramata, co się toczą w głębi serc, a cicho, a cicho...

[21] E. Orzeszkowa, *Listy zebrane*, t. II, s. 18.

Nota

Pierwsza wersja rozprawy *Śmierć wewnętrzna* ukazała się w „Twórczości" 1990 nr 8, rozprawy *Istnienie z kontr-wzajemnością. Krasiński i dzieciobójstwo* w „Twórczości" 1990 nr 9, rozprawy *„Lorenzaccio" – tragedia samozniszczenia* w „Twórczości" 1989 nr 9, a kolejna wersja tej ostatniej została włączona do mojej książki *Sztuka rozumienia. Literatura i psychoanaliza*, Wydawnictwo Instytutu Badań Literackich PAN, Warszawa 1997. Rozprawa *„Urodzona w pustym gnieździe". Melancholia i pamięć nieświadoma Elizy Orzeszkowej* stanowi rozwinięcie tez przedstawionych podczas konferencji *Sekrety Orzeszkowej*, zorganizowanej w stulecie śmierci pisarki przez Bibliotekę Narodową w Warszawie i Instytut Badań Literackich PAN w dniach 8–10 listopada 2010 roku w Warszawie.

D.D.

Spis treści

Na okładce: Alina Szapocznikow, *Grand Tumeur I*, 1969.
Wydawca dziękuje Panu Piotrowi Stanisławskiemu za uprzejmą zgodę na wykorzystanie fotografii rzeźby Aliny Szapocznikow.

Projekt graficzny: **Stanisław Salij**
Skład: **Piotr Górski, Aleksandra Brożek-Dąbrowska**
Druk i oprawa: **Zakład Poligraficzno-Wydawniczy Pozkal, Inowrocław**

Publikacja dofinansowana przez Ministra Nauki i Szkolnictwa Wyższego.

Wydanie pierwsze, Gdańsk 2012

wydawnictwo **słowo/obraz terytoria**, sp. z o.o.
al. Grunwaldzka 74/3, 80-244 Gdańsk
tel.: (58) 345 47 07, fax: (58) 520 80 63
e-mail: slowo-obraz@terytoria.com.pl
www.terytoria.com.pl

ISBN 978-83-7453-073-6